Erfolgsfaktoren effektiver Personalauswahl

Thorsten Krings

Erfolgsfaktoren effektiver Personalauswahl

Thorsten Krings
Heilbronn, Deutschland

ISBN 978-3-658-16455-3   ISBN 978-3-658-16456-0   (eBook)
DOI 10.1007/978-3-658-16456-0

Die Deutsche Nationalbibliothek verzeichnet diese Publikation in der Deutschen Nationalbibliografie; detaillierte bibliografische Daten sind im Internet über http://dnb.d-nb.de abrufbar.

Springer Gabler
© Springer Fachmedien Wiesbaden GmbH 2017
Das Werk einschließlich aller seiner Teile ist urheberrechtlich geschützt. Jede Verwertung, die nicht ausdrücklich vom Urheberrechtsgesetz zugelassen ist, bedarf der vorherigen Zustimmung des Verlags. Das gilt insbesondere für Vervielfältigungen, Bearbeitungen, Übersetzungen, Mikroverfilmungen und die Einspeicherung und Verarbeitung in elektronischen Systemen.
Die Wiedergabe von Gebrauchsnamen, Handelsnamen, Warenbezeichnungen usw. in diesem Werk berechtigt auch ohne besondere Kennzeichnung nicht zu der Annahme, dass solche Namen im Sinne der Warenzeichen- und Markenschutz-Gesetzgebung als frei zu betrachten wären und daher von jedermann benutzt werden dürften.
Der Verlag, die Autoren und die Herausgeber gehen davon aus, dass die Angaben und Informationen in diesem Werk zum Zeitpunkt der Veröffentlichung vollständig und korrekt sind. Weder der Verlag noch die Autoren oder die Herausgeber übernehmen, ausdrücklich oder implizit, Gewähr für den Inhalt des Werkes, etwaige Fehler oder Äußerungen. Der Verlag bleibt im Hinblick auf geografische Zuordnungen und Gebietsbezeichnungen in veröffentlichten Karten und Institutionsadressen neutral.

Illustrationen von Frederik Nieland

Gedruckt auf säurefreiem und chlorfrei gebleichtem Papier

Springer Gabler ist Teil von Springer Nature
Die eingetragene Gesellschaft ist Springer Fachmedien Wiesbaden GmbH
Die Anschrift der Gesellschaft ist: Abraham-Lincoln-Str. 46, 65189 Wiesbaden, Germany

Vorwort

Personalauswahl ist eines der erfolgskritischsten Themen für ein Unternehmen, egal welcher Größe, weil es sich um eine Investition in das Humankapital – und damit in einen entscheidenden Wettbewerbsfaktor – handelt. Gerade für kleine und mittlere Unternehmen ist die Personalauswahl besonders kritisch, da weniger Mitarbeiter auch bedeuten, dass jeder einzelne falsch eingestellte Mitarbeiter einen größeren Schaden für den Unternehmenserfolg verursachen kann. In jedem Fall fällt ein konkreter Verlust durch die Minderleistung des betreffenden Mitarbeiters an. Die Kosten für eine Trennung sind je nach Firmengröße relativ hoch und vor allem aber hat eine solche Situation, die selten schnell zu lösen ist, einen negativen Einfluss auf das Engagement der übrigen Mitarbeiter. Gleichzeitig wird es für viele Unternehmen und Branchen auch immer schwieriger, Personal zu finden. Bewerber neigen eher dazu, sich für große Konzerne oder attraktive Marken zu interessieren. Der Mega-Trend zu urbanen Ballungsräumen führt heute schon zu einem Fach- und Führungskräftemangel bei Firmen in ländlichen Regionen. Hinzu kommt, dass in unserer Wissensgesellschaft Aufgaben zunehmend komplexer werden, was dazu führt, dass auch die Anforderungsprofile spezifischer werden. Da Personal in einem Land mit hohen Lohnkosten natürlich sowohl Wertschöpfungs- wie auch Kostenfaktor ist, stehen Organisationen vor der Herausforderung, immer mehr mit immer weniger Personal leisten zu müssen. All das stellt große Anforderungen an Personalarbeit im Allgemeinen, aber vor allem auch an Suche und Auswahl.

Nicht zu übersehen ist auch, dass der Auswahlprozess die Visitenkarte für das Unternehmen ist. Das beginnt mit der Prozessqualität bei der Bearbeitung der Bewerbung und betrifft vor allem aber auch die Auswahlinstrumente. Fast jeder, der schon einmal in einem Bewerbungsprozess war, kann Horrorstorys erzählen von Fragen, die in privateste Bereiche vordringen, absurde pseudo-psychologische Fragen (z. B. Welches Tier oder welche Farbe wären Sie gern?), unseriöse Auswahlinstrumente (z. B. nicht geeignete Testverfahren, Physiognomik (Rückschlüsse auf die Persönlichkeit durch Interpretation von Körperbau oder Gesicht), grafologische Gutachten etc. oder unsachgemäße Assessment-Center. Oft wird in Auswahlgesprächen aus Machtvollkommenheit oder methodischer Unsicherheit tief in die Privatsphäre des Bewerbers gefragt. In keiner anderen Kommunikationssituation würden Menschen sich trauen, die Grenzen der Höflichkeit so zu überschreiten. Ein solches Verhalten kann für ein Unternehmen aber auch rechtliche Konsequenzen haben, da Fragen im privaten Umfeld häufig Verstöße gegen das Allgemeine Gleichbehandlungsgesetz (AGG) darstellen. Auch die Anwendung unseriöser Methoden oder die unsachgemäße Umsetzung eigentlich geeigneter Verfahren, wie das Assessment-Center, können durchaus rechtliche Konsequenzen nach sich ziehen, aber gerade im Zeitalter von Web 2.0 auch einen massiven Imageverlust des Unternehmens verursachen.

In kaum einem anderen Bereich des Unternehmens werden erfolgskritische Entscheidungen so subjektiv getroffen wie bei Einstellungen. Häufig hört man Formulierungen wie „Ich habe das im Gefühl" oder Ähnliches. Wenn man natürlich keine solide Datenbasis hat, um eine Entscheidung zu treffen, ist der subjektive Eindruck oft die einzige Grundlage. Sicherlich gibt es auch nicht wenige Führungskräfte, die sich besonders bei internen Stellenbesetzungen die Möglichkeit zur Willkür vorbehalten wollen, um so auch ihre Macht zu demonstrieren. Dennoch wäre es undenkbar, dass z. B. eine Investitionsentscheidung auf einer solchen Basis oder mit einer solchen Argumentation getroffen würde. Doch akzeptieren viele Unternehmen eine solche irrationale Vorgehensweise bei der Personalauswahl. Das zeigt sehr deutlich, dass in vielen Fällen offensichtlich nicht das Instrumentarium vorhanden ist, um die Datenlage für eine abgewogene Entscheidung zu liefern.

Aus genau diesem Grunde versuchen natürlich auch viele Unternehmen und Führungskräfte, Instrumente zu finden, die ihnen eine bessere Datenlage bieten. Die Personalauswahl ist daher auch der Bereich, in dem sich viele Psychologen tummeln. Bis zu einem gewissen Grad hat das sicher auch seine Berechtigung. Aber es gibt dabei einige Aspekte zu beachten: Personalentscheidungen sind Führungsentscheidungen. Kein Psychologe und kein Auswahlinstrument kann der Führungskraft diese Verantwortung abnehmen. Psychologisch fundierte Tools können lediglich dabei helfen, diesen Prozess effektiver zu gestalten und eine Entscheidungsgrundlage zu liefern. Zum anderen gibt es keinen gesicherten wissenschaftlichen Nachweis für einen Zusammenhang zwischen „Persönlichkeit" (wie auch immer man diesen Begriff definieren will) und beruflicher Eignung. Es gibt ohne Zweifel einen Zusammenhang zwischen Persönlichkeit und Motivation, aber alles andere ist reine Spekulation. Will man solche Instrumente wirklich effektiv einsetzen, ist damit ein Aufwand verbunden, der so hoch ist, dass er sich in den meisten Fällen nie rechnen wird.

Wie bereits Peter Drucker in den 60er Jahren feststellte, stellen wir nicht Persönlichkeiten ein, sondern wir suchen jemanden, der in der Lage ist, eine Position auszufüllen. Gerade bei Führungspositionen kann man in letzter Zeit immer wieder die Forderung hören, dass Führungskräfte auch ein moralisches Vorbild sein sollen. Man kann eine hervorragende Führungskraft sein, ohne im wie auch immer definierten „moralischen" Bereich ein Vorbild zu sein. Es geht letztlich nur um die ganz einfache Frage, ob ein Bewerber die Fertigkeiten und Fähigkeiten mitbringt, die er benötigt, um eine Stelle ausfüllen zu können, oder nicht. Das sind zu einem großen Teil harte Faktoren wie Wissen, Fertigkeiten und Kenntnisse, aber zu einem gewissen Teil eben auch „weiche" Faktoren, die mit Verhalten zu tun haben. Diese komplexen Anforderungen in ihrer Gesamtheit sichtbar zu machen, ist die Aufgabe eines sinnvollen Auswahlprozesses.

Die hierfür verwendeten Auswahlinstrumente müssen zwei Kriterien genügen: Sie müssen valide (gültig) und reliabel (zuverlässig) sein. Validität bedeutet, dass die Instrumente überhaupt geeignet sind, eine Aussage über die berufliche Eignung zu tätigen. Man hört z. B. immer wieder, dass in „hausgemachten" Assessment-Centern eine Übung vorkommt, in der Kandidaten eine Giraffe aus Zeitungspapier bauen müssen. Das ist eine relativ beliebte Übung aus dem Teamtraining. Allerdings sagt diese Übung nicht das Geringste über berufliche Eignung aus, es sei denn das Bauen von Giraffen aus Papier ist Teil der Stellenbeschreibung. Ähnlich verhält es sich bei Persönlichkeitstests. Die meisten solcher Testverfahren, die in der Personalauswahl eingesetzt werden, wurden nie zu diesem Zweck entwickelt. Die meisten erheben nur den Anspruch, wertneutral Unterschiede zu beschreiben, um z. B. Konflikte zu erklären. Ein gutes Beispiel hierfür ist der Meyers-Briggs-Type-Indicator, der auch heute noch gern in der Auswahl eingesetzt wird, obwohl er dafür nicht entwickelt wurde. Ebenso verhält es sich mit Fragen, die in das Privatleben oder den Bereich der vermeintlichen Persönlichkeit vordringen. Ob jemand lieber Hund oder Katze sein möchte, sagt vielleicht etwas über den Menschen aus, nicht aber über seine berufliche Eignung. Dies hat nichts mit dem Verhalten im beruflichen Umfeld zu tun. Ebenso gibt es keine Korrelationen zwischen z. B. Mannschaftssport und beruflicher Teamfähigkeit.

Es gibt sicherlich viele Gründe, warum zahlreiche nicht valide Methoden zur Personalauswahl eingesetzt werden. Gerade bei „psychologisierenden" oder hypothetischen Fragen im Auswahlgespräch ist es häufig Hilflosigkeit aufgrund von Unkenntnis. Andere scheinbar wissenschaftliche Methoden werden eingesetzt, um sich abzusichern. Aber auch hier ist letztlich die mangelnde Fähigkeit der Auswählenden, die Validität oder Qualität der Instrumente einzuschätzen, ein Grund, weshalb sich auch viele Scharlatane in diesem Bereich tummeln. Geradezu gefährlich wird es, wenn der eigene Personalbereich komplexe Instrumente wie Assessment-Center entwickelt, ohne hier tatsächlich Kenntnisse in angemessener Tiefe zu besitzen.

Statistisch kann man das Thema der Validität wie folgt beschreiben: Bei einer Validität von -1 wird jedes Mal der falsche Kandidat ausgewählt. Das kann z. B. passieren, wenn in einem Assessment-Center falsche Kompetenzen abgeprüft werden. Eine Validität von 0 bedeutet, dass es keinen Unterschied macht, ob man das Instrument einsetzt oder nicht. Man könnte also genauso gut würfeln. In diesem Bereich bewegen sich viele Auswahlgespräche. Eine Validität von $+1$ würde bedeuten, dass man jedes Mal den richtigen Kandidaten auswählt. Dies ist nicht möglich, da es zu viele Unabwägbarkeiten gibt, wenn Menschen Menschen auswählen.

Jedes Verfahren für sich hat eine statistische Validität, die unter 1 liegt. Jedes Verfahren, egal wie gut es durchgeführt wird, hat da auch seine Grenze. Die Validität eines ganzen Auswahlprozesses lässt sich nur durch die Kombination verschiedener Methoden steigern. Daher wird das Auswahlverfahren in diesem Buch als ein mehrstufiges

Auswahlverfahren betrachtet. Einerseits wird die chronologische Abfolge betrachtet, dann werden aber auch verschiedene Arten eignungsdiagnostischer Instrumente vorgestellt. Dies beginnt bei der planerischen Vorbereitung, setzt sich über die Vorauswahl durch Analyse der Bewerbungsunterlagen fort, betrachtet das Auswahlgespräch und weitere Instrumente wie Assessment-Center, Testverfahren u. Ä.

Reliabilität beschreibt die Messgenauigkeit, d. h. ob bei einem Verfahren bei einer Wiederholung das gleiche Ergebnis herauskommt. Ein simples Beispiel hierfür wäre ein Einstellender, der allein Gespräche führt und aufgrund von Krankheit oder schlechter Laune an einem Tag anders bewertet als sonst. Auch der bereits genannte Meyers-Briggs-Type-Indicator kann hier als Beispiel dienen. Das Modell ist so komplex, dass Teilnehmer bei mehrfacher Wiederholung bei jeder Auswertung einem anderen Persönlichkeitstypus zugeordnet werden. Gerade Leistungstests sind in Bezug auf die Reliabilität anfällig. Wenn ein Studierfähigkeitstest wiederholt werden kann und 90 % der Teilnehmer die Wiederholungsprüfung bestehen, dann kann dieser Test nicht reliabel sein. Entweder wurde beim ersten Mal nicht die Studierfähigkeit, sondern etwas anderes gemessen oder aber man kann sich auf den Test vorbereiten. In diesem Fall misst er Wissen, aber nicht die abstrakte Studierfähigkeit. Auch falsche Anwendung kann zu Verlust der Reliabilität führen: Wird im Rahmen eines Assessment-Centers beispielsweise ein Intelligenztest am Ende eines anstrengenden Tages durchgeführt, misst er nicht mehr Intelligenz, sondern Konzentrationsfähigkeit.

Validität und Reliabilität sind das Einzige, was für ein professionelles Auswahlverfahren relevant ist. Es geht dabei natürlich nicht ausschließlich um „harte" Faktoren, denn die Passung auf eine Stelle hängt sehr stark auch von „weichen" Faktoren ab. Diese valide und reliabel sichtbar zu machen ist die große Herausforderung in der Personalauswahl.

Dieses Buch sieht die Rolle der Psychologie in der Personalauswahl kritisch, auch wenn valide und reliable Instrumente zur Personalauswahl oft aus der psychologischen Forschung stammen. Die traditionelle Psychologie beschäftigt sich aber in der Regel mit Problemen und Defiziten, sie ist also per Definition schwächenorientiert. Sicherlich gehört es auch zu einem professionellen Auswahlverfahren, herauszufinden, ob jemand für eine Stelle ungeeignet ist. Je nach Fokus des Verfahrens kann dies jedoch sehr schnell der (Trug-)Schluss sein, weil der Rahmen für die Sichtbarmachung von Stärken nicht gegeben ist. Wichtig ist es daher, vor allem auch im positiven Sinne Fähigkeiten, Wissen und Kompetenzen eines Kandidaten sichtbar zu machen und dann in einer Abwägung aller Informationen zu einem ausgewogenen Urteil zu kommen.

In diesem Buch geht es darum, aufzuzeigen, dass Personalsuche und -auswahl kein intuitiver Prozess ist, sondern ein Handwerk, das jede Führungskraft beherrschen muss. Gleichzeitig wird es auch darum gehen, dass die Persönlichkeit und psychologische Faktoren eine relativ unwesentliche Rolle spielen und es letztlich nur darum geht, einen Prozess zu definieren, um die berufliche Passung zu erfassen. Daher beginnt der Auswahlprozess natürlich schon lange vor der Stellenausschreibung, nämlich mit der planerischen Vorbereitung. In diesem Buch wird der gesamte Prozess der Stellenbesetzung dargestellt. Dies beginnt mit der Erstellung von Stellenbeschreibungen und Anforderungsprofilen. Ferner werden Methoden zur Vorselektion der Bewerbungsunterlagen vorgestellt. Außerdem werden valide und reliable Methoden zur Durchführung des Auswahlprozesses auch vor dem Hintergrund der rechtlichen Einschränkungen durch das AGG Thema sein. Psychologische Testverfahren werden kritisch beleuchtet. Außerdem wird auch auf unseriöse Auswahlmethoden eingegangen und erläutert, weshalb diese trotz scheinbarer Plausibilität ungeeignet sind.

Daher wendet dieses Buch sich zum einen an Führungskräfte, die dezentral Auswahlprozesse gestalten müssen und nicht auf eine Personalabteilung zugreifen können, und an kleine Unternehmen und Freiberufler, die keine eigene Personalabteilung haben und trotzdem professionelle Personalauswahl betreiben müssen. Zum anderen ist dieses Buch für Nicht-Psychologen geschrieben, die entweder in der Personalabteilung tätig sind oder aber als Führungskräfte selbst Personalentscheidungen fällen müssen.

Wiesloch, Deutschland   Thorsten Krings

Inhaltsverzeichnis

1 Vorauswahl 1
   1.1 Zielsetzung des Auswahlprozesses 1
   1.2 Anforderungsprofile 2
   1.3 Praxisbeispiel 6
      1.3.1 Nicht zulässige Anforderungen 8
      1.3.2 Nutzwertanalyse 9
      1.3.3 Analyse 10
      1.3.4 Praxisbeispiel für Nutzwertanalyse 11
      1.3.5 Von der Nutzwertanalyse zur Lebenslaufanalyse 17
   1.4 Praxisbeispiel Lebenslaufanalyse 18
   1.5 Arbeitszeugnisse 20
   1.6 Checkliste Bewerbungsunterlagen 23
   1.7 Checkliste Lebenslaufanalyse 23
   1.8 Das Anschreiben 23
   Literatur 29

2 Personalmarketing 31
   2.1 Grundlagen der Gestaltung: S-O-R und AIDA Modell 32
   2.2 Negativbeispiel 34
   2.3 Inhaltliche Grundsätze 36
   2.4 Zielgruppe 39
   2.5 Exkurs Motivation 40
      2.5.1 Erfahrung und Neugier 40
      2.5.2 Gehalt 41
      2.5.3 2- Faktoren-Theorie von Herzberg 43
      2.5.4 Nichtmaterielle Motivatoren 44
   2.6 Medien 45
   2.7 Einsatz von Beratern 46
   Literatur 50

3	**Persönlichkeit versus Kompetenzen**	51
	3.1 Persönlichkeitsmodelle	51
	3.2 Testverfahren zur Messung von Persönlichkeitsmerkmalen	54
	3.3 Kompetenzen	55
	3.4 Rechtlicher Rahmen	59
	Literatur	60
4	**Das Auswahlgespräch**	61
	4.1 Telefonisches Vorabinterview	61
	4.2 Checkliste für das telefonische Interview	62
	4.3 Rahmenbedingungen	62
	4.4 Wahrnehmungspsychologie	63
	4.5 Vermeidung von Wahrnehmungsfehlern	66
	4.6 Das Interview	67
	4.6.1 Phasen des Interviews	68
	4.6.2 Formen des Interviews	69
	4.6.3 Fragetypen	69
	4.6.4 Fragen des Bewerbers	74
	Literatur	75
5	**Einsatz von Testverfahren**	77
	5.1 Persönlichkeitstests	78
	5.2 Leistungstests	79
	5.2.1 Intelligenztests	79
	5.2.2 Wissenstest	80
	5.2.3 Situational Judgement Tests (SJT)	81
	Literatur	82
6	**Multimodale Auswahlverfahren**	83
	6.1 Validitäten	83
	6.2 Das Assessment-Center	85
	6.2.1 Definition	85
	6.2.2 Aspekte professioneller Assessment-Center	86
	6.2.3 Planerische Vorbereitung	89
	6.2.4 Durchführung	91
	6.3 Andere Verfahren	118
	6.4 Entscheidungsfindung in multimodalen Verfahren	118
	Literatur	121
7	**Feedback**	123
8	**Probezeit**	131
	8.1 Schlussbetrachtung	134
	Literatur	135

Vorauswahl 1

Zusammenfassung

Personalauswahl ist kein intuitiver Prozess, sondern Handwerk. Ein effektiver, mehrstufiger Prozess zur Personalauswahl beginnt mit einem Anforderungsprofil. In der Realität sind die meisten Anforderungsprofile wenig tauglich für die Personalsuche und -auswahl, weil sie zu ungenau sind und/oder zu viele Kriterien enthalten, die häufig nicht gewichtet sind. Ein gutes Anforderungsprofil reduziert die Anforderungen auf erfolgskritische Faktoren. Hierbei ist auch auf die gesetzlichen Einschränkungen in Bezug auf Diskriminierung zu achten. Erstellt man ein Anforderungsprofil nach dieser „Critical Incident Methode", kann eine Vorauswahl über rationale Entscheidungstechniken wie eine Nutzwertanalyse erfolgen. Auf diese Art und Weise werden unwichtige Aspekte ausgeblendet. Die Analyse der Unterlagen, insbesondere des Lebenslaufs, ist auch ein entscheidender Erfolgsfaktor für die Durchführung aussagekräftiger Auswahlgespräche. Anschreiben und Arbeitszeugnisse sollten dabei nicht überbewertet werden, da sie häufig nicht sehr aussagekräftig sind. Man sollte in diesem Stadium eher weniger Kandidaten aussieben, weil die Analyse der Bewerbungsunterlagen an vielen Punkten eher Fragen aufwirft als Antworten gibt.

1.1 Zielsetzung des Auswahlprozesses

Eigentlich gilt es, bei der Personalauswahl eine ganz einfache Frage zu beantworten, nämlich ob der Bewerber/die Bewerberin die notwendigen Qualifikationen für die Stelle mitbringt. Dazu gehören „harte" wie auch „weiche" Faktoren. Im Prinzip geht es also um nichts anderes als um einen Soll-/Ist-Abgleich. Genau hier liegt jedoch das Problem. Ein sinnvolles Auswahlverfahren kann nur dann durchgeführt werden, wenn das Soll präzise definiert ist.

Analysiert man Stellenausschreibungen auf Jobbörsen, so wird man feststellen, dass die überwältigende Mehrzahl überhaupt nicht zur Auswahl tauglich ist, weil sie entweder viel zu ungenau bzw. zu allgemein in der Formulierung sind oder aber weil die Aufgaben deutlich zu breit angelegt sind. Dies ist in letzter Zeit besonders ausgeprägt für Positionen im Personalbereich zu beobachten (vgl. Krings 2012, S. 37). Weil nun häufig die Soll-Kriterien ungenau definiert sind, kann das Auswahlverfahren weder valide noch reliabel sein, weil die Messgrößen nicht festgelegt sind. Dies ist sicherlich einer der Gründe, weshalb häufig in Auswahlverfahren mehr oder weniger seriös psychologisiert wird und man versucht, Kriterien wie Persönlichkeit für die Auswahl anzuwenden oder aber sogar unseriöse Methoden wie Physiognomik, Graphologie, Astrologie u. ä. Anwendung finden (vgl. Kanning 2009). Selbst wenn man den diesen Instrumenten Seriosität unterstellen würde, wäre der Einsatz in den meisten Fällen sinnlos. Denn jedes Auswahlverfahren kann nur in Bezug auf die Anforderungen eine Aussage tätigen. Man müsste also im Vorfeld genau definieren, was für jede einzelne Stelle das Soll ist, das den Kandidaten erfolgreich macht. Gerade oben genannte Verfahren arbeiten jedoch mit „one-size-fits-all" Aussagen.

Dreh- und Angelpunkt eines jeden professionellen Auswahlverfahrens ist daher eine Stellenbeschreibung. Häufig liegt diese nicht oder nur rudimentär vor. Dies liegt zum einen daran, dass es immer noch Unternehmen gibt, die auf Stellenbeschreibungen verzichten, weil man befürchtet, der Mitarbeiter könne sich im Konfliktfall darauf berufen. Dies hat zwar eine gewisse Berechtigung, macht aber Führung sehr schwierig, weil ja nicht definiert ist, an welchen Kriterien der Erfolg eines Mitarbeiters gemessen wird. Zum anderen beraubt man sich damit auch der Möglichkeit, zahlreiche wichtige Instrumente der Personalarbeit einzusetzen, wie z. B. Stellenbewertungen, die unerlässlich für eine transparente Gehaltspolitik und Personalentwicklung sind. Ohne Stellenbeschreibungen ist eine Stellenbewertung jedoch nicht möglich.

1.2 Anforderungsprofile

Anforderungsprofile werden stringent aus der Stellenbeschreibung abgeleitet. Nur so können Passungen ermittelt werden. Dies entspricht in vielen Fällen natürlich nicht der Realität. Gerade in den letzten Jahren finden sich vermehrt Stellenanzeigen, in denen ein Qualifikationsniveau verlangt wird, das weit über den Anforderungen der Stelle liegt. Firmen scheinen dazu zu neigen, „die 50er Zigarre aus der 20er Kiste" kaufen zu wollen. Wenn man also einen höher qualifizierten Bewerber zum geringeren Gehalt bekommen kann, nimmt man ihn gerne. Typische Formulierungen sind „abgeschlossene Berufsausbildung oder Studium". Später wird erläutert werden, weshalb das unter motivatorischen Gesichtspunkten äußerst problematisch ist. Für den Auswahlprozess ist es fatal, weil nun Kriterien herangezogen werden, die für die Stelle nicht relevant sind. Dadurch werden irrelevante Faktoren in die Auswahl einbezogen und verzerren das Bild. So wird dann unter Umständen ein Kandidat ausgewählt, der die unwichtigen Kriterien erfüllt, nicht jedoch die wichtigen.

1.2 Anforderungsprofile

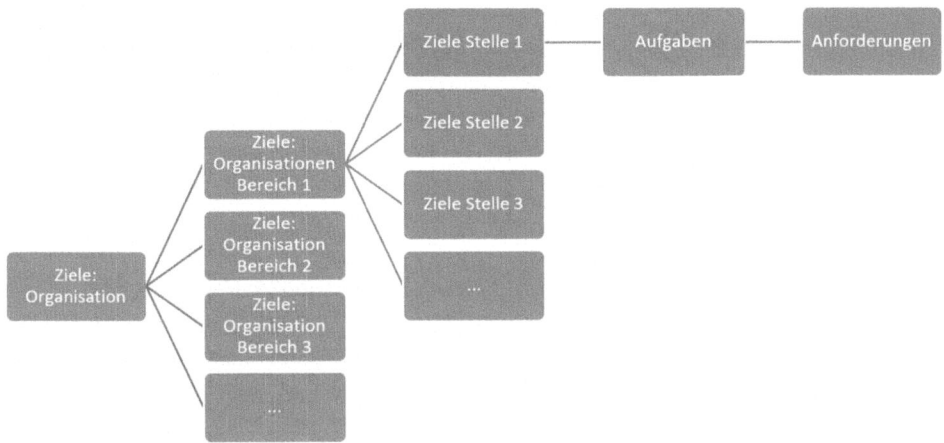

Abb. 1.1 Ziele Organisation

Die überwiegende Mehrzahl der Anforderungsprofile ist jedoch zur Auswahl vollkommen untauglich, weil sie viel zu allgemein sind und Aussagen vom Präzisionsgrad „der Papst ist katholisch" enthalten. Dies bringt wiederum zwei Probleme mit sich: zum einen werden sich sehr viele Kandidaten bewerben. Das bedeutet Arbeit für das Unternehmen. Bekommen aber viele Bewerber Absagen und können dies nicht nachvollziehen, weil sie ja auf das allgemeine Anforderungsprofil passen, leidet darunter das Image des Unternehmens. Wichtiger ist jedoch, dass es keinen Bezugsrahmen gibt, auf Basis dessen man eine Auswahl treffen kann. So entstehen dann eben Entscheidungen, die rein intuitiv getroffen werden und nichts mit einer unternehmerischen Entscheidung zu tun haben. Ohne die klare Ableitung der Anforderungen aus der Stellenbeschreibung wird jedes Auswahlinstrument letztlich ohne Sinn und Ziel eingesetzt. Es geht aber nicht nur darum, die relevanten Kriterien überhaupt zu definieren, sondern auch darum, sie zu gewichten. Man muss vermeiden, dass ein Kandidat durch eine Anhäufung weniger wichtiger Kriterien das Fehlen entscheidender Kriterien ausgleichen kann (vgl. Abb. 1.1).

Folgende leicht verfremdete Anzeige eines Lebensmitteldiscounters soll als Beispiel für eine Stellenbeschreibung bzw. -ausschreibung dienen, die weder als Informationsquelle für den Bewerber noch zur Auswahl geeignet ist. Die Qualität dieser Anzeige ist nicht untypisch.

Verkaufsleiter (m/w) bei KARACHO DISCOUNT
Für alle, die nach dem Studium beruflich Großes vorhaben.
Mit einem erfolgreich abgeschlossenen Hochschulstudium direkt ins Management durchstarten: Wenn Sie sich für die Position des Verkaufsleiters bei KARACHO DISCOUNT entscheiden, gehören Sie schon während des einjährigen Training on the

Job zur Führungsebene. Sie übernehmen dabei vielseitige Managementaufgaben und natürlich auch die volle Personalverantwortung für Ihren Bereich. Schließlich ist einer der grundlegenden Gedanken unserer Unternehmensgruppe, unseren Mitarbeitern so schnell wie möglich Verantwortung zu übertragen. Kurzum: Sie profitieren gleich von optimaler Förderung und vielversprechenden Perspektiven.

WAS SIE TUN

- Mit der Entscheidung für die Position des Verkaufsleiters entscheiden Sie sich für eine Managementkarriere
- Sie sind Generalist: Sie planen, organisieren, realisieren und führen mit großer Selbstständigkeit
- Sie sind viel in Ihrem Bereich unterwegs, denn Sie tragen die Verantwortung für circa sechs Filialen und mindestens 50 Mitarbeiter
- Als Regionalverkaufsleiter haben Sie volle Personalverantwortung für Ihren Bereich und stellen Ihre Mitarbeiter selbst ein

WAS SIE MITBRINGEN

- Interesse für den Handel
- einen überdurchschnittlichen Hochschulabschluss mit wirtschaftswissenschaftlicher Studienausrichtung
- Begeisterung für unternehmerisches Handeln
- Eigeninitiative und Bereitschaft zur Übernahme von Verantwortung
- Teamgeist, Fairness und Respekt im Umgang mit anderen Menschen
- Kontaktfreude und Kommunikationstalent
- analytisches Denkvermögen
- gute Englischkenntnisse
- Bereitschaft zur Mobilität

WAS WIR IHNEN BIETEN

- einen attraktiven Arbeitsplatz
- ein intensives Training on the Job
- eine angenehme Arbeitsatmosphäre, gestalterische Freiräume und langfristig spannende Perspektiven
- ein abwechslungsreiches und vielseitiges Aufgabengebiet in einem dynamischen Umfeld
- vielfältige Fort- und Weiterbildungsmöglichkeiten
- ein überdurchschnittliches Gehalt und einen auch privat nutzbaren Firmenwagen
- eine flexible Fünf-Tage-Woche unter Berücksichtigung der betrieblichen Gegebenheiten

1.2 Anforderungsprofile

WIE SIE SICH BEWERBEN

Mehr online, weniger schriftlich: Bewerben Sie sich bitte bevorzugt online unter karriere.karacho-discount.de, schriftliche Bewerbungen sind an

KARACHO GmbH & Co. KG,
Blumenstraße 12,
67549 Worms
zu richten.

Grundsätzlich ist das Problem mit dieser Anzeige, dass sie deutlich zu ungenau und viel zu allgemein gehalten ist. In dieser Form trifft die Anzeige auf eine extrem große Zahl von Hochschulabsolventen zu. Zunächst sind die Tätigkeiten so allgemein beschrieben, dass es vollkommen unmöglich ist, daraus Anforderungen abzuleiten. So ist z. B. unklar, ob der Vertriebsleiter die ca. 50 Mitarbeiter direkt führt oder aber ob es noch Führungsebenen dazwischen gibt. Dies hätte dann zur Folge, dass der Vertriebsleiter eben nicht nur Mitarbeiter, sondern auch Führungskräfte führt, was wiederum ganz andere Anforderungen an den Stelleninhaber zur Folge hätte. Der Vertriebsleiter soll „planen, organisieren und durchführen"– fragt sich nur was genau denn? Dabei handelt es sich im Prinzip ja um den Kern der Tätigkeit, der unklar bleibt. Ebenso verhält es sich mit der Aussage, „Sie sind viel unterwegs". Die einzige Anforderung, die sich daraus logisch ableiten lässt wäre, dass der Stelleninhaber einen Führerschein haben muss. Da die Aufgabenbeschreibung vollkommen allgemein ist, lassen sich keine sinnvollen fachlichen Anforderungen daraus ableiten. Entsprechend untauglich ist dann auch das Anforderungsprofil. Es handelt sich nur um Gemeinplätze, mit denen sich ein Großteil der Menschheit identifizieren dürfte. Es gibt kein Auswahlverfahren, das eine differenzierte Abprüfung dieser Kriterien ermöglicht, weil sie einfach viel zu allgemein formuliert sind. Im Übrigen ist diese Anzeige auch rechtlich grenzwertig: der Text legt die Vermutung nahe, dass hier gezielt nur junge Menschen angesprochen werden.

Grundbedingung, um überhaupt ein Anforderungsprofil erstellen zu können ist eine sinnvolle, also aussagekräftige, Stellenbeschreibung, aus der Anforderungen dann stringent abgeleitet werden. In eine solche Stellenbeschreibung gehören folgende Punkte:

- Bezeichnung der Stelle
- Einordnung in die Unternehmenshierarchie (über-, untergeordnete Stellen, Schnittstellen)
- Hauptaufgaben bzw. -ziele der Stelle
- Führungsspanne
- Nebenaufgaben
- Kompetenzen (z. B. Handlungsvollmacht oder Prokura)

Man kann sich darüber streiten, ob man nun die Aufgaben oder Ziele einer Stelle angibt. Für Stellenbewertungen arbeitet man in der Regel mit Zielen, um nachher den Wertbeitrag der Position bemessen zu können. Je nach Stelle ist es teilweise jedoch recht schwierig und teilweise auch müßig hier eine Differenzierung finden zu wollen. Allerdings ist es gerade bei Führungskräften einfacher, aus den Zielen dann auch Anforderungen abzuleiten. Denkt man in der Kategorie „Tätigkeit" so ist man versucht, quantitativ zu formulieren. Eine typische Anforderung dieser Art wäre z. B. „mindestens 5 Jahre Erfahrung im Bereich ….". In vielen Anforderungsprofilen finden sich genau solche Formulierungen. Zur Auswahl taugen diese jedoch nicht, denn die Quantität sagt nichts über die Qualität aus. Als Faustregel kann man festhalten, dass eine Verweildauer von unter drei Jahren wahrscheinlich wenig zum Kompetenzaufbau beigetragen hat, weil das in etwa der Zeitrahmen ist, den man braucht, um optimal zu funktionieren. Nach 5 Jahren setzt jedoch auch häufig der Wunsch nach neuem bzw. die Demotivation ein, wenn dieser Wunsch nicht erfüllt wird. Ansonsten sagen Zeitspannen gar nicht aus, weil sie nur Quantitäten, aber nicht Qualität beschreiben. Manche Menschen entwickeln sich aus verschiedenen Gründen eben nicht oder langsam über die Zeit hinweg, andere tun dies deutlich schneller. Gerade diese Fixierung auf Zeitdauern ist einer der wesentlichen Gründe, weshalb viele Anforderungsprofile untauglich zur Auswahl sind. Beschreibt man also die Ziele einer Stelle, kann man genau definieren, was jemand können muss, um für diese Stelle qualifiziert zu sein. In welchem Zeitraum er sich diese Kenntnisse oder Fähigkeiten angeeignet hat, ist vollkommen irrelevant.

Wichtig ist also eine rein qualitative Definition der Anforderungen. Man spricht hier auch von der sogenannten „Critical Incident" (Erfolgskritisches Ereignis) – Methode. Diese wurde in den 50er Jahren von John Flanagan entwickelt. Sie geht auf Untersuchungen aus dem militärischen Bereich zurück. Im Jahre 1941 hatte die US Air Force erkannt, dass zu viele angehende Piloten die Ausbildung abbrechen mussten, weil sie nicht für die Position geeignet waren. Eine Untersuchung fand heraus, dass die Anforderungsprofile viel zu umfangreich waren, irrelevante Dinge enthielten und diese gleich gewichtet waren wie erfolgskritische Elemente. Daher führte man Experteninterviews und isolierte ausschließlich diese erfolgskritischen Faktoren („Critical Incidents"), um Piloten auszuwählen und weiter zu entwickeln. Flannagan betont, dass man sich vor allem auch von allgemeinen Begrifflichkeiten lösen müsse und die Auswahl auf die Basis beobachteten und beschreibbaren Verhaltens zurückführen muss (Vgl. Flannagan 1954, S. 327).

Ein Anforderungsprofil ist dann hilfreich, wenn es konkrete Fähigkeiten oder Verhaltensweisen beschreibt, die notwendig sind, um das Ziel der Stelle zu erreichen. Man kann hier vom Urknall der empirischen Personalarbeit sprechen, weil Flannagan erstmalig Annahmen in Frage stellte und systematische Analysen als Grundlage betrieblicher Personalarbeit sieht (Vgl. Flannagan 1954, S. 343). Dies wird im Kapitel zum Auswahlgespräch noch eine größere Rolle spielen.

1.3 Praxisbeispiel

Folgendes Beispiel zeigt eine Stellenanzeige für eine Führungskraft bei einem Lebensmitteldiscounter, bei der die Anforderungen konsequent aus den Aufgaben bzw. Zielen der Stelle abgeleitet wurden. So wurden Kriterien definiert, die sowohl bei der Sichtung der Bewerbungsunterlagen als auch bei Auswahlverfahren angewandt werden können:

Bezirksleiter Discounter

Aufgabenbeschreibung:

- Operative und Umsatzverantwortung für die Region.
- Disziplinarische und fachliche Führung von 5 Verkaufsleitern, die für je 5–7 Filialen zuständig sind.
- Coaching von Dualen Studierenden als Einsteiger in der Verkaufsleiterrolle mit stärkenorientiertem Führungsverständnis.
- Eigenverantwortliche Leitung der regionalen Niederlassung, die neben den 5 Verkaufsleitern aus einer Ausbildungs-/Personalabteilung mit 5 Mitarbeitern besteht, einer Vertriebsassistenz (Controlling) sowie zwei Personen im Marketing und eine allgemeine Verwaltungskraft.
- Konzeption und Umsetzung regionaler Marketingaufgaben im Rahmen der Konzernvorgaben.
- Eigenständige bei der Auswahl neuer Führungskräfte (Filialleiter und Verkaufsleiter).
- In Zusammenarbeit mit Anwälten vor Ort Lösung arbeitsrechtliche Konflikte.
- Der Bezirksleiter berichtet an den Geschäftsführer Vertrieb einer von drei Regionen in Deutschland, die wiederum an den Vertriebsvorstand auf Konzernebene berichten.
- Mitglied in mindestens einem cross-funktionalen Team auf Konzernebene (Marketing, Personal, Vertrieb).
- Die Stelle ist mit Prokura für die Regionalgesellschaft versehen.
- Filialeröffnungen und -schließungen.

Anforderungen:

- Studium der BWL mit Schwerpunkt Einzelhandel oder Vertrieb. Idealerweise ein Duales Studium an der DHBW bei einem Einzelhändler.
- Idealerweise erfolgreiche Führung einer Filiale über einen Zeitraum von mindestens drei Jahren.
- Erfolgreiche Tätigkeit in der Führung mehrerer Filialen inkl. Filialeröffnungen und -schließungen, Personal- und Budgetverantwortung.
- Erfahrung im Umgang mit Systemen zur flexiblen Arbeitszeitplanung, idealerweise tisowarePEP.
- Kenntnisse des individuellen und kollektiven Arbeitsrechts, inkl. Verhandlung von Betriebsvereinbarungen. Erfahrung mit Einstellungen und Entlassungen.
- AdA Schein.
- Erfahrung in der Konzeption und Durchführung von operativen Marketingmaßnahmen.
- Kenntnisse im Vertriebscontrolling (Benchmarking, ABC Analyse, Verknüpfung von Kennzahlen zu einem System, Vertriebserfolgsrechnung).

- Idealerweise Erfahrung in der Mitarbeit in Arbeitskreisen bzw. Matrixstrukturen auf Konzernebene.
- Erfahrung in der Führung von Mitarbeitern und Führungskräften nach dem Modell der Positiven Psychologie, erfolgreiche Entwicklung von Nachwuchskräften sowie Durchführung von Zielvereinbarungsgesprächen.

1.3.1 Nicht zulässige Anforderungen

Das Anforderungsprofil ist sehr nüchtern gehalten und bezieht sich ausschließlich auf berufliche Anforderungen und nicht auf persönliche Aspekte. Vereinzelt findet man noch Anzeigen, die solche Dinge enthalten. Häufig aber sind bei den Auswählenden unausgesprochene Annahmen zur Person des Bewerbers vorhanden. Von diesen sollte man sich freimachen. Zum einen hat dies inhaltliche Gründe, zum anderen aber auch rechtliche. Nach dem AGG dürfen folgende Kriterien keine Rolle bei der Auswahl spielen und daher weder im Anforderungsprofil aufgeführt, noch in einem Auswahlverfahren thematisiert werden:

- „Rasse" (In Anführungsstrichen, weil die bloße Verwendung des Begriffs schon einen Verstoß darstellt)
- Geschlecht
- Behinderung
- Alter
- Weltanschauung
- Religion
- Sexuelle Identität
- Ethnische Herkunft

Das AGG ist jedoch nicht als ein reines Minderheitenschutzgesetz zu sehen. Inhaltlich bezieht es weder für das eine noch das andere Stellung. Es handelt sich also z. B. nicht um ein Gesetz zum Schutz älterer Menschen, sondern findet ebenso Anwendung auf junge Menschen, wenn diese auf Grund ihres Alters diskriminiert werden. In diesem Zusammenhang ist übrigens darauf hinzuweisen, dass der Arbeitgeber die Vorurteile seiner Kunden nicht weitergeben darf. Wenn z. B. eine Führungskraft für den arabischen Raum gesucht wird, darf die Suche nicht mit der Begründung auf einen Mann beschränkt werden, dass Frauen in diesem Kulturkreis in dieser Rolle keine Akzeptanz finden. Umgekehrt kann z. B. ein Mann sich jedoch nicht als Dessousverkäufer einklagen, da das Schamgefühl der Kundinnen das höhere Rechtsgut ist. Quotenregelungen sind allerdings auch laut AGG zulässig, da dies eine Maßnahme ist, die durchgeführt wird, um eine bestehende Diskriminierung abzuschaffen.

Formulierungen wie „jung", „dynamisch", „Muttersprache" oder geschlechtsspezifische Anforderungen sind also zu vermeiden. Dies hat zur Folge, dass der Arbeitgeber keine Bewerberbild anfordern darf und auch Informationen wie das Geburtsdatum oder der Familienstand eigentlich nicht mehr in eine Bewerbung gehört, auch wenn dies in Deutschland noch üblich ist (Vgl. Schaub und Koch 2014, S. 25 ff.). In anderen Ländern ist dies nicht mehr üblich und Verstöße gegen Antidiskriminierungsgesetze werden deutlich stärker geahndet als hierzulande.

1.3.2 Nutzwertanalyse

Die Vorauswahl der Bewerber oder aber zumindest ein Ranking der Bewerber kann sinnvoll über das Instrument der Nutzwertanalyse erfolgen (vgl. Abb. 1.2).

Daher müssen die Kriterien gewichtet werden. Obschon mit einem Punktesystem gearbeitet wird, ist die Nutzwertanalyse ein qualitatives System zur Entscheidungsfindung, da die Gewichtung subjektiv ist. Es gibt sehr komplexe Systeme, die sehr differenziert zu Entscheidungen kommen (Vgl. Eisenführ et al. 2010; Wottowa 2013, S. 914 f.). Fraglich ist jedoch, ob man dadurch nicht eher eine Pseudoobjektivität konstruiert, da die Systeme ja subjektiv befüllt werden. Hinzu kommt, dass Bewerberunterlagen jedoch nur eine begrenzte Aussagekraft haben. Daher empfiehlt es sich, hier mit einem einfachen System zu arbeiten und auch nur die „harten" Fakten zu berücksichtigen. Bei der Analyse der Bewerberunterlagen wird das Augenmerk also ausschließlich auf berufliche Qualifikation gelegt und auch nur auf die Faktoren, die tatsächlich für die Stelle relevant sind. Diese werden wie folgt bepunktet:

K.O. Kriterium – Dies können rechtliche Vorschriften sein (in der Pharmabranche dürfen bestimmte Funktionen z. B. nur von einem Pharmazeuten übernommen werden) oder aber Berufserfahrung oder Kenntnisse ohne die es sehr schwer oder unmöglich ist, die Aufgabe zu übernehmen.

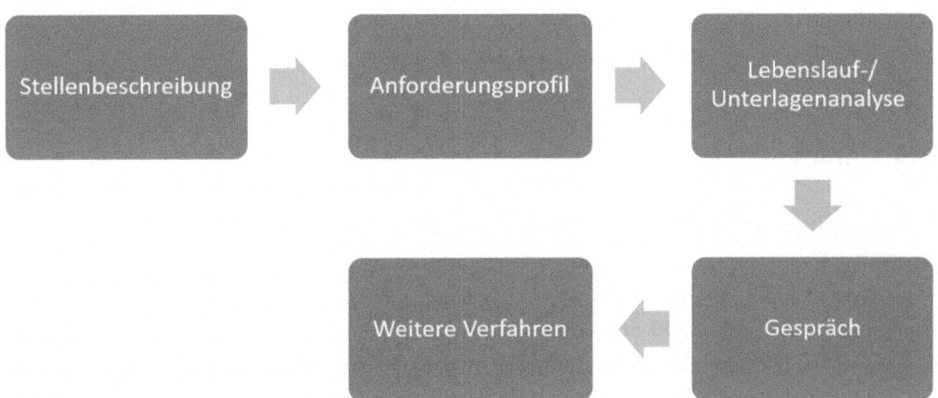

Abb. 1.2 Mehrstufiges Auswahlverfahren

0 – unwichtig. Dies sind reine „nice-to-have" Themen, die sich nach Möglichkeit nicht in einem Anforderungsprofil finden sollten, da sie für die Auswahl nicht relevant sind.

1 und 2 sind in Abhängigkeit voneinander zu sehen, d. h. 2 ist wichtiger als 1. Das ist wichtig, denn ansonsten könnte man über eine Anhäufung relativ unwichtiger Faktoren fundamentale Schwächen wettmachen. Für das eigentliche Auswahlverfahren muss man dann jedoch mit einer differenzierten Bestimmung der Sollwerte arbeiten.

Eine Gewichtung der Kriterien für o. g. Anforderungsprofil kann sich wie folgt gestalten:

Anforderungen Gewichtung:

1. Studium der BWL mit Schwerpunkt Einzelhandel oder Vertrieb. (2)
2. Idealerweise ein Duales Studium an der DHBW bei einem Einzelhändler. (1).
3. Idealerweise erfolgreiche Führung einer Filiale über einen Zeitraum von mindestens drei Jahren. (1)
4. Erfolgreiche Tätigkeit in der Führung mehrerer Filialen inkl. Filialeröffnungen und -schließungen, Personal- und Budgetverantwortung. (2)
5. Erfahrung im Umgang mit Systemen zur flexiblen Arbeitszeitplanung (2)
6. Idealerweise tisowarePEP. (1)
7. Kenntnisse des individuellen und kollektiven Arbeitsrechts, inkl. Verhandlung von Betriebsvereinbarungen. Erfahrung mit Einstellungen und Entlassungen. (2)
8. Idealerweise AdA Schein. (1)
9. Erfahrung in der Konzeption und Durchführung von operativen Marketingmaßnahmen. (2)
10. Kenntnisse im Vertriebscontrolling (Benchmarking, ABC Analyse, Verknüpfung von Kennzahlen zu einem System, Vertriebserfolgsrechnung). (2)
11. Idealerweise Erfahrung in der Mitarbeit in Arbeitskreisen bzw. Matrixstrukturen auf Konzernebene. (1)
12. Erfahrung in der Führung von Mitarbeitern und Führungskräften nach dem Modell der Positiven Psychologie, erfolgreiche Entwicklung von Nachwuchskräften sowie Durchführung von Zielvereinbarungsgesprächen. (2)

1.3.3 Analyse

Bei der Analyse der Bewerbungsunterlagen finden Aspekte wie Hobbies, vermeintliche Soft Skills, Familienstand etc. keine Berücksichtigung. Ein Teil dieser Angaben ist irrelevant, weil er nichts über die berufliche Eignung aussagt. Viele andere „soft skills" sind jedoch nach Aktenlage nicht abprüfbar. Diese können nur sinnvoll in einer persönlichen Begegnung beobachtet und auch hinterfragt werden. Der Fokus liegt in diesem Stadium des Bewerbungsverfahrens also ausschließlich auf der beruflichen Passung in Bezug auf Erfahrung und Wissen. Daher sind auch die Anschreiben mit Vorsicht zu genießen.

Natürlich möchte man erkennen, weshalb der Kandidat sich für eine Stelle oder einen Arbeitgeber interessiert. Andererseits weiß der Bewerber ja in der Regel auch, dass er das Konstrukt Bewerber bedienen muss und kann sich denken, was sozial erwünschte Aussagen sind. Sinnvoll ist sicherlich eine Prüfung auf Fehlerfreiheit und Klarheit in der Aussage, insofern das für die Stelle relevant ist. Ähnlich verhält es sich mit Bewerberfotos. Das Aussehen eines Bewerbers lässt keinen Rückschluss auf seine berufliche Eignung zu (Vgl. Kanning 2009, S. 9 ff.). Es besteht sogar die große Gefahr, dass man sich von Sympathie oder Antipathie bei der Auswahl leiten lässt und die Qualität der Entscheidung darunter leidet. Wenn also ein Foto beigefügt ist, dann kann man es auf die Angemessenheit des Motivs und die Qualität prüfen. Tatsächlich birgt es mehr Risiken als Chancen, wenn man das das Foto bei der Auswahl berücksichtigt. Ein qualitativer Versuch an der DHBW Heilbronn hat z. B. gezeigt, dass weibliche Probanden die Bewerbung einer hochqualifizierten Bewerberin dann abgelehnt haben, wenn das Foto eines allgemein als schön wahrgenommenen Models dabei war. Als das Foto durch das einer „normal" aussehenden Frau ersetzt wurde, stieg die Akzeptanz der weiblichen Auswählenden.

1.3.4 Praxisbeispiel für Nutzwertanalyse

Basierend auf o. g. Anforderungsprofil soll nun anhand von drei Lebensläufen aufgezeigt werden, wie eine solche Nutzwertanalyse funktionieren kann:

Lebenslauf

Name: Thomas Weber
Geburtsdatum: 17. Mai 1981
Adresse: Heinz-Engelmann Weg 7
69168 Wiesloch
Familienstand: ledig
Berufserfahrung:
2/2010-
    Verkaufsleiter Konsum Discount, Region Heidelberg-Land
    Aufgaben:
    Betreuung von 5 Filialen
    Disziplinarische Führung von 5 Marktleitern
    Einstellung von Filialleitern
    Neueröffnungen
    Mitwirkung bei der Auswahl Dualer Studenten

3/2005-1/2010

    Filialleiter Nußloch Konsum Discount

    Aufgaben:

    Warendisposition

    Disziplinarische Führung von 18 Mitarbeitern

    Ausbildungsverantwortlicher

    Umsatzverantwortung

9/2003-2/2005

    Stellvertretender Filialleiter Wiesloch Konsum Discount

    Aufgaben:

    Stellvertretung der Marktleitung

    Frischebeauftragter

    Ausbilder

10/2000-9/2003

    Studium BWL, SRH Hochschule Heidelberg

    Diplombetriebswirt (BA)

    Diplomarbeit: „Die Einführung von Assessment Center zur Auswahl von Azubis"

Schule:

1992-2000   Wirtschaftsgymnasium Wiesloch

    Fachabitur, Notenschnitt: 1,8

1989-1992   Grundschule Wiesloch-Schatthausen

Kenntnisse:

- Anwenderkenntnisse MS Office
- AdA Schein
- Führerschein Klasse B
- tiso warePEP (flexible Arbeitszeit)
- Führungsseminar „Stärkenorientiertes Führen" Management School St. Gallen

Controller Seminar Stufe 1, Controller Akademie Stuttgart

Kriterium	Erfüllt ja/nein	Gewichtung	Ergebnis/Wertigkeit
1		2	2
2		1	0
3		1	1
4		2	2
5		2	2
6		1	1

1.3 Praxisbeispiel

Kriterium	Erfüllt ja/nein	Gewichtung	Ergebnis/Wertigkeit
7		2	2
8		1	1
9		2	0
10		2	2
11		1	0
12		2	2

15 Punkte

Lebenslauf

Name: Peter Rössler

Adresse: Tannenweg 7

69117 Heidelberg

Geburtsdatum: 20.9.1988

Familienstand: verheiratet

Berufserfahrung:

11/2008-

Verkaufsleiter Worms / Alzey Karamba Discount

Aufgaben:

Betreuung von 5 Filialen

Disziplinarische Führung von 5 Filialleitern

Umsatzverantwortung

Filialschließungen und –eröffnungen

10/2006-10/2008

Dualer Student Berufsakademie Mosbach / Karamba Discount

Einarbeitung zum Verkaufssleiter

BWL-Marketing

Abschluss: Bachelor of Arts

Thema der Bachelor-Thesis: „Die Bedeutung sozialer Kompetenzen für den Auslandseinsatz von Mitarbeitern"

Note: 1,7

Schule:

1997-2006

Heidelberg College

Abitur, Notenschnitt 1,3

1994-1997

Grundschule Heidelberg-Ziegelhausen

Kenntnisse:

- AdA Schein
- Führerschein Klasse B
- Coaching-Ausbildung bei Team Connex, Böblingen
- SAP und MS Office Anwenderkenntnisse
- Business English Certificate, Cambridge University
- Master Studium BWL, GGS Heilbronn (2. Semester)

Kriterium	Erfüllt ja/nein	Gewichtung	Ergebnis/Wertigkeit
1		2	2
2		1	1
3		1	0
4		2	2
5		2	0
6		1	0
7		2	2
8		1	1
9		2	0
10		2	0
11		1	0
12		2	2

10 Punkte

Lebenslauf

Name: Sandra Wieland
Adresse: Schumann-Weg 23
69207 Sandhausen

Geburtsdatum: 12.5.1983
Familienstand: verheiratet

Berufserfahrung:
6/2009-
Verkaufsleiterin Fa. Express Discount, Region Heidelberg Nord / Neckar-Odenwald Kreis
Aufgaben:
Umsatzverantwortung für die Region
Einstellung von Filialleitern
Entwicklung und Umsetzung des Programms „Von lokalen Bauern auf Ihren Tisch"
Disziplinarische Führung von 7 Filialleitern
Ausbilder für Duale Studierende
Filialöffnungen und -schließungen

1.3 Praxisbeispiel

3/2004-5/2009
    Hausleiterin, Konsumland Hockenheim
    Aufgaben:
    Führung von drei Warenbereichsleitern und 80 Mitarbeitern
    Umsatzverantwortung
    Personaleinsatzplanung
    Ausbildungsverantwortliche
    Mitarbeit im Arbeitskreis „Konzernweite Förderprogramme"

10/2003-2/2004
    Warenbereichsleiterin Frische, Konsumland Hockenheim
    Aufgaben:
    Warendisposition
    Personaleinsatzplanung für den Bereich Frische
    Warenkundeschulungen für Auszubildende
    Stellvertretung des Hausleiters

10/2001-10/2003
    Duales Studium BWL Handel, FH Worms bzw. bei Fa. Konsumland
    Abschluss „Diplom Betriebswirt (FH)", Diplomarbeit: „Die Auswirkung von Getränkemärkten als Frequenzbringer für den Lebensmitteleinzelhandel"
    Note: 3,1
    Einarbeitung zur Warenbereichsleiterin

Schule:

1993-2001
    Katholische Mädchenschule St. Barbara, Schönau
    Abitur, Note: 2,3

1990-1993
    Grundschule Schönau

Kenntnisse:

- Führerschein Klasse B
- AdA Schein
- MS Office Anwenderkenntnisse
- PARI PEP System (flexible Arbeitszeit)
- Seminar „Stärkenorientiertes Führen", Gallup Potsdam

Kriterium	Erfüllt ja/nein	Gewichtung	Ergebnis/Wertigkeit
1		2	2
2		1	1
3		1	1
4		2	2

Kriterium	Erfüllt ja/nein	Gewichtung	Ergebnis/Wertigkeit
5		2	2
6		1	0
7		2	2
8		1	1
9		2	2
10		2	2
11		1	1
12		2	2

18 Punkte

In Relation zu den vom Unternehmen definierten Anforderungen und Gewichtungen wäre also Frau Wieland in einem Ranking auf dem ersten Platz. Thomas Weber landet somit auf dem zweiten Platz und Peter Rössler auf dem dritten. Bei diesen Lebensläufen kann man jedoch auch sehr deutlich beobachten, wie bereits in diesem Stadium des Verfahrens Wahrnehmungsverzerrer zu einer falschen Entscheidung führen können. Werden diese Lebensläufe in Seminaren eingesetzt, kommen die Teilnehmer teilweise zu vollkommen anderen Entscheidungen, weil sie sich z. B. für den Kandidaten entscheiden, der ihnen am ähnlichsten ist. Junge Bewerter setzen häufig Peter Rössler auf den ersten Platz, weil seine Karriere ihrer angestrebten Karriere am ähnlichsten ist. Es ist also wichtig, bei der Analyse konsistent bei den eigenen Anforderungen zu bleiben und sich nicht von irrelevanten Aspekten ablenken zu lassen. Bemerkenswert ist, dass in einem Versuch relativ viele Probanden Frau Wieland nicht auf den ersten Listenplatz gesetzt haben. Auf Nachfrage wurde erläutert, dass sie schwanger werden könnte und die Noten im Studium nicht besonders gut gewesen seien. Abgesehen davon, dass diese Argumentation gegen das AGG verstößt, kann man aus der Bewerbung nichts über Frau Wielands Familienplanung ablesen. Wären die Noten im Studium für die Auswahl relevant (was der Arbeitgeber durchaus entscheiden könnte), dann müsste es jedoch auch im Profil vermerkt sein. Einen tieferen Sinn hätte dies jedoch nicht, da die Berufserfahrung wesentlich mehr über die Passung aussagt.

Ein weiterer Punkt, der angemerkt wurde war, dass jemand der auf einer katholischen Mädchenschule war, wohl kaum für eine Führungsposition im Vertrieb bei einem Discounter geeignet ist. Einerseits hat Frau Wieland bereits seit vielen Jahren Führungspositionen im Einzelhandel inne, andererseits ist auch dies eine reine Vermutung. Niemand weiß, ob es einen Zusammenhang zwischen der besuchten Schule und beruflicher Eignung gibt. Man kann nicht mehr wissen als man weiß. Psychologisieren und unqualifizierte Schlussfolgerungen beeinträchtigen die Qualität des Auswahlprozesses erheblich.

1.3.5 Von der Nutzwertanalyse zur Lebenslaufanalyse

Dennoch ist es wichtig, den Lebenslauf genau zu analysieren, jedoch nicht um voreilige Schlüsse daraus abzuleiten, sondern um gezielt Fragen für das Interview vorzubereiten. Als Beispiel für einen voreiligen Schluss kann die Verweildauer im Unternehmen dienen. Früher galt „Job Hopping" als Todsünde und Verweildauern von unter 5 Jahren waren häufig ein K.O. Kriterium. Doch die Berufswelt hat sich geändert. Grundsätzlich bekommt man heute wesentlich häufiger fragmentierte Lebensläufe als früher. Häufigere Wechsel sind die Regel. Die liegt sicher daran, dass es mehr befristete Arbeitsverhältnisse gibt und grundsätzlich mehr Dynamik im Arbeitsmarkt ist. Dennoch ist es natürlich wichtig zu wissen, weshalb ein Wechsel stattgefunden hat. Bei der Lebenslaufanalyse ist es wichtig, einen klaren Fokus zu haben. Grundsätzlich soll man alles hinterfragen, was Fragen aufwirft. Allerdings würde es auch losgelöst von der mangelnden Validität wenig Sinn machen, Frau Wieland zu ihrer Zeit auf der Klosterschule zu befragen, weil dies bereits sehr lange her ist und wenig Aufschlussreiches über Frau Wieland im Jahr 2016 hergibt.

Die Lebenslaufanalyse als Vorbereitung für das Interview steigert die Validität des Auswahlverfahrens enorm. Eine Behörde z. B. stellte pro Jahr 100 Duale Studierende ein. Davon fielen etwa 50 % durch die Zwischenprüfung. Da man damit unzufrieden war, analysierte man den Ablauf des Bewerbungsverfahrens mit einem Externen. Dieser stieß auf die Tatsache, dass die Interviewer im Vorfeld nie wussten, wen sie im Gespräch hatten. Der Grundgedanke dahinter war durchaus legitim: man wollte verhindern, dass es im Vorfeld zu einer Absprache kommen konnte. Nach einer Abwägung aller Faktoren hat man dann jedoch beschlossen, die Lebenslaufanalyse zur Vorbereitung der Interviews zu nutzen. In dem Jahrgang, der auf diese Art und Weise ausgesucht worden war, fielen 2 von 100 Studierenden durch die Zwischenprüfung.

Da es keine Korrelation zwischen privaten Interessen oder Verhalten gibt, haben die Fragen sich ausschließlich auf den beruflichen Teil des Lebenslaufs zu beschränken. Angaben wie Hobbies, Familienstand o. ä. Verweise auf Mannschaftssportarten o. ä. sind kein Hinweis auf Teamfähigkeit u d daher irrelevant. Folgende Themenbereiche sollten hinterfragt werden:

- Tätigkeiten bzw. Erfolge, insbesondere aus der jüngeren Vergangenheit
- Gründe für Stellen- oder Firmenwechsel
- Gründe für Entscheidungen bei grundlegenden Veränderungen
- Brüche und Lücken im Lebenslauf
- Gründe für berufliche Veränderungen (z. B. Beförderung) innerhalb der Firma

Das sind natürlich nicht alle Fragen, die im Gespräch gestellt werden. Wichtig ist aber, das Gespräch durch die Analyse der Unterlagen so vorzubereiten, dass alle offenen Fragen, die zur Entscheidungsfindung notwendig sind, auch tatsächlich beantwortet werden.

1.4 Praxisbeispiel Lebenslaufanalyse

Als Bezugsrahmen für die Analyse dient wieder das Anforderungsprofil für die Stelle des Bezirksleiters bei einem Discounter. Anders als bei der Nutzwertanalyse, in der zunächst nur ein Ranking der Kandidaten erstellt wird, geht es bei der Lebenslaufanalyse darum, konkrete Fragen vorzubereiten, die die Validität des Interviews erhöhen. Eine solche Lebenslaufanalyse kann an folgendem Beispiel dargestellt werden:

Lebenslauf

Name:	Horst-Dieter Müller
Adresse:	Schlossweg 6
	67549 Worms

Berufserfahrung:

03/1995-02/1998
    Trainee Vertrieb Fa. Pröstli Getränke Vertrieb
    Stationen im Vertriebscontrolling, Rechnungswesen, Warenausgang, Vertrieb

04/1998-08/2003
    Bezirksleiter Fa. Caramba Discount (10 Filialen)
    Aufgaben: Budgetplanung und –kontrolle, Führung der Marktleiter, Filialschließungen, allg. Kontroll- und Leitungsaufgaben, Projekte

04/2004- heute
    Leiter Vertriebscontrolling Fa. Karacho Discount
    Unternehmensweite Budgetplanung und –kontrolle; Reporting an Vertrieb und Vorstand; Risikomanagement; Due Diligences; Markteintrittsplanungen; Investitions- und Desinvestitionsplanungen

Studium:

10/1988-03/1989	Studium Sinologie, Heidelberg
04/1989-07/1990	Studium Anglistik & Mittlere und Neue Geschichte, Universität Heidelberg
10/1991-11/1993	Studium Betriebswirtschaftslehre, BA Gera (Fa. Hit Vertrieb)
	Abschluss: Diplom-Betriebswirt (BA)

Wehrdienst:

04/1986-04/1988	Zeitsoldat, Luftwaffe Mosbach-Lohrbach, Rang: Leutnant der Reserve

Hobbys:
Volleyball; Reisen; Lesen

Sonstiges:

- Führerschein Klasse B
- Englisch fließend

1.4 Praxisbeispiel Lebenslaufanalyse

Der Lebenslauf ist traditionell chronologisch aufgebaut. Die vorherigen Lebensläufe waren moderner, d. h. nach angelsächsischem Muster begannen sie mit der aktuellsten Tätigkeit. Beide Varianten sind sinnvoll. Dieser Lebenslauf ist nach den Grundsätzen des AGG gestaltet und enthält daher weder Geburtsdatum noch Informationen zu Familienstand u. ä. Das darf nicht negativ interpretiert werden und streng genommen dürfen diese Informationen auch nicht im Gespräch abgefragt werden, da sie für die Auswahlentscheidung keine Rolle spielen dürfen. In der Praxis spielt das 2006 in Kraft getretene AGG in Deutschland zwar noch eine untergeordnete Rolle. Aber Informationen aus dem privaten Umfeld würden die Validität der Auswahlentscheidung nicht steigern und wenn nach außen getragen wird, dass solche Dinge thematisiert werden, kann dies für das Unternehmen einen erheblichen Imageschaden mit sich bringen. Ebenso werden die Hobbies nicht thematisiert, da es keine Korrelation zwischen privaten Interessen und beruflicher Eignung gibt. Was jedoch in jedem Fall angesprochen werden muss, sind die Fremdsprachenkenntnisse, wenn sie für die Stelle relevant sind. „Fließend" ist ein ungenauer und subjektiver Begriff, der alles oder nichts bedeuten kann. Ebenso verhält es sich mit Bezeichnungen wie „verhandlungssicher" oder „umgangssprachlich". Grundsätzlich sollten Sprachkenntnisse immer im europäischen Referenzrahmen angegeben werden. Dieser beginnt bei A 1 als niedrigster Stufe und endet mit C 2. Für jede der Stufen gibt es eine Definition, was jemand schriftlich und mündlich können muss, um dort eingeordnet zu werden. Wenn die Sprachkompetenz also nicht in diesen Stufen angegeben ist und auch keine entsprechenden Zertifikate beigefügt sind, sollte man einen Teil des Auswahlgesprächs in der betreffenden Sprache führen.

Wenn dieser Lebenslauf in Seminaren als Beispiel eingesetzt wird, dann fokussieren sich viele Teilnehmer in ihren Fragen auf die zwei abgebrochenen Studiengänge. Tatsächlich ist dieser Punkt eigentlich relativ irrelevant, da dies nun schon über 20 Jahre her ist, der Kandidat danach eine sehr kontinuierliche Karriere hatte und es auch nicht unüblich ist, dass junge Menschen in einer Findungsphase sind. Auch wenn dies eine Abweichung von der Norm ist, hat es in diesem Fall kaum eine Relevanz. Allerdings findet sich im Lebenslauf eine Lücke von mehr als einem Jahr zwischen dem Abbruch des letzten Studiums an der Universität Heidelberg und dem Beginn des Studiums in Gera. Die Lücke zwischen dem Traineeprogramm und der ersten Stelle im Handel ist zu vernachlässigen, aber die Lücke zwischen der Vertriebsleiterposition und der Tätigkeit im Vertriebscontrolling ist auf jeden Fall zu thematisieren. Eine Frage, die sich stellt ist, weshalb das Traineeprogramm sehr lange gedauert hat, denn üblich sind 12–18 Monate. Auch ist zu hinterfragen, weshalb jede berufliche Veränderung stets mit einem Wechsel des Arbeitgebers verbunden war. Ansonsten sollten konkrete Fragen zu den Aufgaben in der aktuellen Position gestellt werden, die auf die Passung zur offenen Stelle abheben.

Wichtig ist, dass man die Unterlagen auch wirklich komplett vorliegen hat. Zum einen benötigt man diese zu einem Abgleich mit dem Lebenslauf. Andererseits passiert es häufiger als man denkt, dass in einem Lebenslauf falsche Angaben stehen oder Zeugnisse tatsächlich gefälscht werden. Daher sollte man auch unbedingt darauf achten, dass Zeugnisse in Sprachen, die man selbst nicht beherrscht in einer Übersetzung eines vereidigten

Übersetzers vorliegen. Fehlende Unterlagen sollten angefordert werden, wenn der Bewerber interessant ist. Üblicherweise fügt man Bewerbungen alle Zeugnisse ab Verlassen der Schule bei.

Ein weiterer Aspekt bei der Vorauswahl ist die Analyse der Zeugnisse. Zum einen sind hier quantitative Bewertungen darunter zu verstehen wie Schul- oder Hochschulzeugnisse. Je mehr Berufserfahrung der Kandidat mitbringt, desto unwichtiger sind diese Zeugnisse allerdings. Zum einen liegt dies dann schon relativ lange zurück und es gibt aktuellere und damit relevantere Informationen über den Kandidaten. Zum anderen sind Schule und Studium eine Art Laborsituation, die wenig über die tatsächliche Fähigkeit eines Bewerbers aussagt. Auch ist zu berücksichtigen, dass Bewertungen immer subjektiv sind und damit von Wahrnehmungsfehlern belastet sein können. Gerade bei Kandidaten mit Berufserfahrung muss man sich auch die Frage stellen, ob ggf. im Vorfeld formulierte Soll-Anforderungen an Studium und/oder Schule entscheidungsrelevant sind, wenn überzeugende relevante Berufserfahrung vorliegt. Zu berücksichtigen sind natürlich auf jeden Fall aus rechtlichen Gründen notwendige Prüfungen wie z. B. die Ausbildung zum Pharmareferenten im Pharmaaußendienst.

1.5 Arbeitszeugnisse

Das Ausstellen qualifizierter Arbeitszeugnisse ist eine Besonderheit im deutschsprachigen Raum. In vielen anderen Ländern ist das Erstellen solcher Zeugnisse oder von Referenzen unüblich. Laut Gewerbeordnung hat der Arbeitgeber dem Arbeitnehmer nach Beendigung des Arbeitsverhältnisses ein einfaches Arbeitszeugnis auszustellen, in dem Art und Dauer des Beschäftigungsverhältnisses dargelegt werden. Bei Auszubildenden sind Art, Dauer und Ziel der Berufsausbildung anzugeben. Das qualifizierte Zeugnis ist auf Wunsch des Arbeitnehmers auszustellen, d. h. hier liegt eigentlich kein Automatismus vor. Es gibt in Deutschland den Mythos, dass ein Arbeitszeugnis nur positive Merkmale tragen darf. Dies ist so nicht richtig. Zwar hat das Zeugnis dem beruflichen Fortkommen des Arbeitnehmers zu dienen, doch muss es auch wahrheitsgemäß sein. Ein Zeugnis darf prinzipiell auch Negativmerkmale tragen (Vgl. Schaub und Koch 2014, S. 681 f.). Grundsätzlich gilt jedoch, dass ein Arbeitszeugnis nur solche Bewertungen enthalten darf, die sich auf die Arbeit beziehen. Formulierungen wie „einfühlsam" (= homosexuell), „gesellig" (= Alkoholiker) oder „hatte stets ein offenes Ohr für die Belange der Belegschaft" (= Betriebsrat) sind nicht legal.

In der Praxis ist es jedoch äußerst unüblich, da mit Negativmerkmalen belastete Arbeitszeugnisse, dann vor Gericht eingeklagt werden. Daher hat sich die Praxis durchgesetzt, dass im deutschen Sprachraum in Abstufungen von Gut beurteilt wird. Folglich finden sich in Arbeitszeugnissen sehr überschwängliche Formulierungen bei positiven Bewertungen und selbst negative Bewertungen klingen häufig sprachlich positiv. Daher hat sich eine Formelsprache durchgesetzt, die man dann in qualitative Bewertungen rückübersetzen kann. Es gibt auch zahlreiche Bücher oder Internetquellen, die Tabellen anbieten, in denen Zeugnisformulierungen in Klartextbewertungen übersetzt werden. Dennoch muss man hier aus verschiedenen Gründen Vorsicht walten lassen. Zum einen kann man nicht immer davon ausgehen, dass der Verfasser diese Zeugnissprache auch tatsächlich kennt. Gerade in kleinen Firmen kann es durchaus vorkommen, dass der Beurteilende eine positive Bewertung abgeben will, jedoch eine Formulierung wählt die nicht positiv genug ist. Zum anderen unterliegt diese Zeugnissprache jedoch auch dem Wandel der Zeit. Insofern sind Arbeitszeugnisse heute in der Regel deutlich kürzer als noch in den 90er Jahren und neigen auch häufiger zu Klartextformulierungen. Insofern ist es ratsam, sich mit voreiligen Schlüssen zurückzuhalten. Auf jeden Fall sollte man alle Auffälligkeiten im Arbeitszeugnis nutzen, um daraus Fragen für das Auswahlgespräch zu entwickeln. Letztlich gilt natürlich auch hier die Frage, wie objektiv eine solche Bewertung dann erfolgt ist. Grundsätzlich sollte man auf jeden Fall abgleichen, ob Aufgaben und Zeitangaben mit denen im Arbeitszeugnis übereinstimmen. In jedem Fall ist auf das Austrittsdatum zu achten. Laut Kündigungsschutzgesetz sind der 15. oder der letzte Tag eines Monats als Austrittsdatum zulässig, je nach vereinbarter Kündigungsfrist (Vgl. Schaub und Koch 2014, S. 414 f.). Handelt es sich um ein anderes Austrittsdatum, kann dies ein Indiz dafür sein, dass es sich um eine fristlose Kündigung handelt. Ausnahmen sind befristetet Arbeitsverhältnisse, die teilweise tagesgenau abgerechnet werden. Man sollte auf folgende Dinge achten, wenn man Arbeitszeugnisse analysiert:

- Formulierungen (gut bedeutet meist „nicht gut")
- Betonung von Selbstverständlichkeiten
- Fehlende Bewertungen
- Bedauerns- und Glückwunschformeln
- Hierarchische Einordnung der Unterzeichner

Ein weiteres Argument, weshalb Arbeitszeugnisse nur bedingt aussagekräftig sind, liegt darin, dass die Wahrscheinlichkeit einer Klage durch den Arbeitnehmer relativ hoch ist, wenn die Formulierungen kritisch sind. Daher neigen Unternehmen eher zu positiven als zu wahrheitsgemäßen Beurteilungen. Gerade in komplexen Trennungsverfahren werden die wenigsten Unternehmen den Erfolg einer Kündigung oder Vertragsaufhebung durch ein kritisches Arbeitszeugnis aufs Spiel setzen. Da man also nicht unbedingt davon ausgehen kann, dass ein positives Arbeitszeugnis tatsächlich wahrheitsgemäß ist, sollte man im Umkehrschluss ein negatives Arbeitszeugnis nicht automatisch als Ausschlusskriterium verwenden.

Grundsätzlich sollte man bei der Interpretation von Bewerbungsunterlagen Vorsicht walten lassen, da sie viele Möglichkeiten der Falschinterpretation in sich bergen. Je weicher die Kriterien sind, desto weniger valide ist die Analyse der Bewerbungsunterlagen zur Vorauswahl. Im Zweifelsfall ist es an dieser Stelle zielführender, mehr Kandidaten in die nächste Stufe des Auswahlverfahrens zu nehmen, denn „Bewerber, die an dieser

Stelle abgelehnt werden, stehen zur eingehenderen Beurteilung nicht mehr zur Verfügung" (Kanning et al. 2008, S. 36).

Folgendes Arbeitszeugnis ist als sehr negativ zu sehen. In Anbetracht der hierarchischen Einordnung der Position ist die Bewertung der Fachkenntnisse mit „gut" geradezu vernichtend. Die Erwähnung der Pünktlichkeit ist eine Betonung einer Selbstverständlichkeit, was darauf hinweist, dass es sonst nichts Positives zu sagen gibt. Es fehlen Glückwunsch- und Bedauernsformel und das Zeugnis wurde nur von Personalleiter und -referent unterschrieben. Auch das ist für eine Führungsposition ein klarer Ausdruck von Geringschätzung. Schließlich verweist das Austrittsdatum auf eine fristlose Kündigung.

Arbeitszeugnis

Herr Horst-Dieter Sturm, geboren am 01.02.1970, trat am 01.09.1997 in unser Unternehmen ein. Herr Sturm wurde in unserem Unternehmensbereich Forschung und Entwicklung zunächst als Clinical Specialist eingesetzt. Seit dem 01.05.2002 war Herr Sturm in der Position des Leiters Forschung und Entwicklung „Ästhetische Dermatologie" tätig.

Zu seinen Hauptaufgaben gehörten unter anderem:

- Strategische Planung, Entwicklung und Koordination von Produktentwicklungen
- Analyse und Optimierung der Marketingaktivitäten
- Verantwortung für klinische Tests
- Analyse und Evaluierung von Produktportfolios bei Unternehmenskäufen
- Definition und Überwachung von Kennzahlen für die Produktentwicklung
- Führung des Teams F&E „Ästhetische Dermatologie"

Herr Sturm ist ein motivierter, verantwortungsbewusster und zuverlässiger Mitarbeiter.

Er verfügt über gute fachliche Kenntnisse. Herr Sturm war stets pünktlich und zuverlässig. Die Arbeitsleistungen von Hr. Sturm waren gut.

Herr Sturm leitete sein Team stets ausgezeichnet und wusste seine Mitarbeiter auch unter großer Belastung zu motivieren. Sein Verhalten gegenüber Kollegen, Mitarbeitern, Vorgesetzten und externen Partnern war stets vorbildlich. Herr Sturm war gesellig und sehr einfühlsam.

Er erfüllte seine Aufgaben zu unserer Zufriedenheit.

Herr Sturm verlässt unser Unternehmen auf eigenen Wunsch zum 28.01.2011.

Mit freundlichen Grüßen

Adalbert von Kohlen-Reibach   Ronald Erpel
Personalleiter   Personalreferent

1.6 Checkliste Bewerbungsunterlagen

- Vollständigkeit (Lebenslauf, Zeugnisse)
- Formale Richtigkeit
- Struktur
- Sprachliche Gestaltung
- Wenn Bild vorhanden: Passung, Qualität
- Motivation

1.7 Checkliste Lebenslaufanalyse

- Passung zum Anforderungsprofil
- Vollständigkeit
- Übereinstimmung mit Arbeitszeugnissen
- Lücken im Lebenslauf
- Firmenwechsel
- Beförderungen vs. Wechsel
- Welche Informationen bedürfen der Detaillierung

1.8 Das Anschreiben

Es ist in Deutschland üblich, dass die Bewerbungsunterlagen gemeinsam mit einem Anschreiben, dem sogenannten Motivationsschreiben übersandt werden. Grundsätzlich ist zu beobachten, dass E-Mail Bewerbungen heute nicht selten als eine Art Postwurfsendung verschickt werden, d. h. der Text ist nichtssagend, weil er in identischer Form an mehrere Unternehmen verschickt wurde und eventuell textlich nicht einmal angepasst wurden. Solche Mails beginnen dann häufig mit „Sehr geehrte Damen und Herren...", da der Bewerber sich nicht einmal die Mühe gemacht hat, den Namen des Ansprechpartners anzupassen. Man könnte nun leicht sagen, dass solche Bewerbungen von vornherein aussortiert werden. Allerdings sollte man dabei berücksichtigen, um was für eine Position es sich handelt. Man sollte prüfen, welche Erwartungen realistisch sind, wenn z. B. der Bewerber einen sehr niedrigen Bildungsstand hat oder es sich um eine sehr einfache Position handelt.

Grundsätzlich ist der Sinn dieses Anschreibens, dass man die Motivation des Bewerbers erkennt, sich für die Position in der konkreten Firma zu bewerben. Man sollte hier jedoch keine Wunderwerke erwarten. Ist der Kandidat z. B. arbeitslos so bedarf seine grundsätzliche Motivation sich auf die Stelle zu bewerben keiner weiteren Erläuterung. Dennoch ist das Anschreiben nicht unwichtig. Es ist weder im Interesse des Bewerbers noch des Unternehmens, dass jemand aus einer Notsituation heraus eine falsche Entscheidung trifft. Insofern sollte man das Anschreiben grundsätzlich darauf prüfen, ob der Bewerber über die Firma, die Branche und vor allem auch über die Stelle selbst informiert ist. Es kommt doch immer wieder vor, dass Leute sich auf Stellen bewerben, über die sie keine Informationen oder von der sie vollkommen falsche Vorstellungen haben. Wichtig ist an dieser Stelle auch abzuschätzen, ob der Kandidat eine realistische Vorstellung von der eigenen Passung auf die Stelle hat. Viele Bewerber verwechseln dies jedoch mit platter Werbung für die eigene Person und ergehen sich in plumpem Selbstlob, z. B. „Ich bin teamfähig" oder „hochmotiviert" etc.

Je nachdem, ob es für die Stelle relevant ist, sollte man neben der formalen Fehlerfreiheit des Anschreibens durchaus auch die stilistische Gestaltung bei der Vorauswahl berücksichtigen. Relevant ist ebenfalls, ob der Kandidat über aktuelle Entwicklungen in der Branche und der Firma informiert ist. In der Summe sollte man keine literarischen Meisterwerke erwarten und auch keine Lobgesänge auf das eigene Unternehmen, sondern ein nüchternes Anschreiben, das der Firma mehr Informationen über Motivation und Eignung gibt. Besonders interessant ist ein solches Anschreiben bei solchen Kandidaten, die laut Lebenslauf vielleicht nicht direkt auf die Stelle passen, z. B. Quereinsteiger. In solchen Fällen kann das Anschreiben durchaus Gründe liefern, einen Bewerber doch einzuladen. Ein Beispiel hierfür wäre ein Absolvent der Anglistik, der sich als technischer Übersetzer in einem IT-Unternehmen bewirbt, weil er sich als Hobby mit Computern oder Software beschäftigt. Gerade die IT Branche hat viele Mitarbeiter, die als Quereinsteiger kommen.

Ein wichtiger Grund, weshalb das Anschreiben auf jeden Fall gelesen werden muss ist, dass zu prüfen ist, ob die Annahmen des Bewerbers korrekt sind. Zum einen ist dies die Frage, ob es sich um eine Voll- oder Teilzeitstelle handelt. Zum anderen ist die Gehaltsvorstellung wichtig. Gibt der Bewerber hier einen unrealistischen Wert an, ist davon abzuraten, ihn zum Gespräch einzuladen. Zum einen zeigt das, dass die Vorstellungen von der Stelle und ihrer Wertigkeit im Unternehmen offensichtlich unrealistisch sind. Zum anderen gestaltet es sich extrem schwierig, Verhandlungen zu führen, wenn die Differenzen sehr groß sind. Allerdings sollte man auch beobachten, ob sich an diesem Punkt ein Muster abzeichnet und man eine große Zahl von Bewerbungen mit Gehaltsvorstellungen bekommt, die den eigenen Rahmen sprengen. Dies kann ein Indikator dafür sein, dass die eigenen Gehaltsvorstellungen nicht marktgerecht sind. Bei einem Unternehmen mit mehreren Niederlassungen oder Standorten kann es auch vorkommen, dass der Bewerber die Stellenanzeige nicht aufmerksam gelesen hat und z. B. von einer falschen Annahme des Arbeitsorts ausgeht. Alles in allem muss man durch das Anschreiben auch eine Plausibilitätsprüfung vornehmen, ob die Erwartungen zum Angebot passen. Man sollte es jedoch auch nicht überbewerten, weil sich viele Mythen um das „perfekte" Anschreiben ranken und Bewerber häufig auch einfach verunsichert sind.

Folgendes Beispiel kann als gelungenes Anschreiben für die Bewerbung einer Sekretärin dienen:

1.8 Das Anschreiben

Beispiel

Fa. Heinemann Baustoffe

Hr. Thomas Batz

Dirk-Schwarzer-Allee 27

55232 Alzey

Bertha Kunze

Tannenstraße 27

67549 Worms

Worms, den 12.3.2015

Bewerbung auf Ihre Stellenanzeige auf Stepstone „Sekretärin Einkauf"
Sehr geehrter Herr Batz,

als erfahrene Sekretärin im Einkauf eines internationalen Baumarktkonzerns sind mir die aktuellen Herausforderungen der Branche und im Einkauf vertraut. Ihre Anzeige hat mich sofort angesprochen, da ich nach dem Konkurs meines bisherigen Arbeitgebers eine neue Herausforderung in diesem Bereich suche.

Neben den klassischen Sekretariatsaufgaben war ich auch für die gesamte Korrespondenz mit der Einkaufsgesellschaft des Mutterkonzerns in Hongkong zuständig und habe eigenständige die regelmäßigen internationalen Meetings der Einkäufer organisiert. Während meiner Tätigkeit habe ich erfolgreich in cross-funktionalen Teams gearbeitet, in denen Einkauf und Vertrieb gemeinsam Warengruppen entwickelt haben.

Die von Ihnen angebotene Position ist für mich aus zwei Gründen besonders interessant: zum einen befinden Sie sich gerade in einem Prozess der Umstrukturierung vom Einkauf hin zum Category Management. Zum anderen stellt der bevorstehende Markteintritt in Rumänien noch einmal eine besondere Herausforderung dar. Im Rahmen der internationalen Expansion der Taktiker AG war ich 2005 mehrere Monate in Bukarest, um dort den Aufbau der nationalen Einkaufsorganisation zu unterstützen.

Da ich selbst in Hermannstadt geboren bin, spreche ich Rumänisch mit muttersprachlicher Kompetenz. Nur der Vollständigkeit halber sei erwähnt, dass ich Englisch mit Niveau C 1 beherrsche und mit allen Office-Anwendungen und AS 500 vertraut bin.

Mein letztes Gehalt lag bei 3500 EUR und war im außertariflichen Bereich angesiedelt. Selbstverständlich bin ich bereit, an Ihren Firmensitz umzuziehen. Der frühestmögliche Eintrittstermin wäre der 1. Mai.

Für ein persönliches Gespräch stehe ich Ihnen gern zur Verfügung.
Mit freundlichen Grüßen
Bertha Kunze

Dieses Anschreiben ist in der Summe eher nüchtern gehalten, jedoch kann man daraus keinen Rückschluss auf die dahinterstehende Person ziehen. Alle wichtigen Informationen sind enthalten: Gehaltsvorstellung, möglicher Eintrittstermin, Umzugsbereitschaft und relevante Berufserfahrung. Das Schreiben zeigt ebenfalls, dass die Bewerberin sich in der Branche auskennt und sich auch über den möglichen Arbeitgeber informiert hat. In diesem Anschreiben geht die Verfasserin dann noch einmal auf ihr Alleinstellungsmerkmal ein, nämlich ihre Erfahrung in einem für das Unternehmen wichtigen Zielmarkt. Insofern biete der Brief tatsächlich wichtige Zusatzinformationen für den weiteren Auswahlprozess.

Das nun folgende Anschreiben stammt von einem Bewerber, der auf den ersten Blick vielleicht weniger attraktiv erscheint als andere, weil er schon einmal gescheitert ist. Objektiv betrachtet sagt dies natürlich nichts über seine Eignung aus. Allerdings neigen viele Unternehmen eben dazu, den stromlinienförmigen Kandidaten, der dem Auswählenden selbst vielleicht auch ähnlich ist, zu bevorzugen. Im vorliegenden Fall ist die Information, weshalb der Bewerber sich für die angebotene Stelle interessiert, wichtig. Allerdings dürfte es auch kein K.O. Kriterium sein, wenn diese Informationen nicht im Anschreiben gewesen wären. Aber sie sind sehr hilfreich, um konkrete Fragen für das Gespräch vorzubereiten.

Beispiel

Christian Zimmermann

Hamburger Straße 57

71321 Heilbronn

Fa. Drehdiebolzen Maschienbau

Hr. Franz Kaufmann

Friedhelm-Fischer-Weg 45

67549 Worms

Dualer Studienplatz Maschinenbau DHBW Mosbach

Heilbronn, 12. März 2015

Sehr geehrter Herr Kaufmann,

hiermit bewerbe ich mich für den von Ihnen in der Heilbronner Stimme ausgeschriebenen Studienplatz an der DHBW Mosbach.

Wie Sie meinem Lebenslauf entnehmen können, habe ich letztes Jahr mein Duales Studium in BWL an der DHBW Heilbronn beendet. Ich hatte für mich relativ schnell während des Studiums erkannt, dass BWL für mich die falsche Entscheidung war. Die Praxisphasen in der Logistik haben mir zwar sehr gut gefallen, aber die meisten Theorieinhalte haben mich nicht interessiert. Von daher habe ich beschlossen, das

1.8 Das Anschreiben

Studium zwar zu beenden, jedoch nicht als Betriebswirt zu arbeiten, sondern mich neu zu orientieren.

Mein Hobby war seit meiner Jugend immer die Mechanik. Ich habe bereits früh mit meinem Vater Seifenkisten gebaut und mich nach meiner Volljährigkeit mit Autos beschäftigt. Meine besondere Leidenschaft gilt der Marke BMW. Ich habe bereits einen Z 3 Baujahr 1997 komplett technisch überarbeitet und einen BMW 650i Baujahr 1985 neu aufgebaut. Im Rahmen meiner Bachelorarbeit habe ich einen ergonomischen Arbeitsplatz in der Lagerlogistik entwickelt und auch technisch umgesetzt. Seit Ende des Studiums arbeite ich in der Arbeitsvorbereitung der Firma HJK Verpackungstechnik.

Ich möchte in der Zukunft als Maschinenbau-Ingenieur arbeiten und ein entsprechendes Studium absolvieren. Aufgrund meiner sehr positiven Erfahrungen mit der DHBW Heilbronn kommt für mich nur ein Duales Studium in Frage. Ihre Firma als Marktführer im Bereich Abfüllanlagen ist für mich natürlich ein sehr attraktiver potenzieller Arbeitgeber.

Ich würde mich sehr freuen, wenn es zu einem persönlichen Gespräch kommt.
Mit freundlichen Grüßen
Christian Zimmermann

Bei diesem Schreiben steht die Erklärung im Mittelpunkt, weshalb der Bewerber nun ein zweites Studium absolvieren möchte. Dies ist ihm auch gut gelungen und die zahlreichen Beispiele lassen es auch glaubwürdig erscheinen, dass er bei diesem Studium auch eine abgewogene Entscheidung getroffen hat. Auffällig ist, dass der Bewerber sehr wenig zu seinem potenziellen Arbeitgeber schreibt. Im Gespräch wäre daher zu erfragen, ob er tatsächlich ein Interesse hat, später im Bereich Abfüllanlagen tätig zu werden oder aber ob er sich nur das Studium finanzieren lassen möchte.

Beim Lesen von Anschreiben sollte man sich über seine eigenen Erwartungen und unterschwelligen Werte im Klaren sein. Arbeitgeber haben häufig ein Konstrukt des Bewerbers im Hinterkopf und erwarten ein fast schon devotes Verhalten in Bezug auf Ehrfurcht vor und Interesse am potenziellen Arbeitgeber. Von diesem Konstrukt muss man sich im heutigen Arbeitnehmermarkt freimachen, denn zum einen ist das Angebot sehr breit und zum anderen bewertet man letztlich eigentlich nur sozial erwünschtes Verhalten, das wenig über tatsächliche Einstellungen aussagt.

Auch sollte man zu diesem Zeitpunkt nicht alles auf die Goldwaage legen. Es gibt z. B. Bewerbungsratgeber, die den Gebrauch des Konjunktivs beim Angebot zum persönlichen Gespräch sehr kritisch sehen und aktivere Formulierungen bevorzugen, weil man glaubt aus der Sprache auf Eigeninitiative schließen zu können. Genau an diesem Punkt ist man jedoch wieder bei einem wenig zielführenden Psychologisieren, zu diesem Zeitpunkt im Auswahlprozess vollkommen kontraproduktiv ist. Vor allem führt das z. B. zur Diskriminierung von Frauen, weil diese sprachlich eher zu „Weichmachern" neigen.

Das nun folgende Anschreiben bedient zwar das Konstrukt des Bewerbers, jedoch in einer Art und Weise, die man letztlich nur als misslungen betrachten kann.

> **Beispiel**
>
> Fa. Uttenhofener Getränke Vertrieb GmbH
>
> Hr. Jochen Pollmann
>
> Jakob-Vetter-Straße 34
>
> 74523 Schwäbisch Hall
>
>
> Dirk Beck
>
> Adelheidweg 20
>
> 74523 Schwäbisch Hall
>
> Schwäbisch Hall 5/4/2016
>
> Sehr geehrter Herr Müller,
> mit großem Interesse habe ich gelesen, dass Sie ein Traineeprogramm im Vertrieb anbieten. Dafür bin ich der geeignete Kandidat, weil ich hochmotiviert, ehrgeizig, klug, aufgeschlossen, dynamisch und flexibel bin. Einen besseren Trainee als mich können Sie sich nicht vorstellen. Ich habe mein BWL Studium an der BA Heilbronn absolviert. Meine Noten sind zwar nicht so gut, aber praktisch bin ich herausragend.
> Durch meine Tätigkeit als Kapitän meines Lacrosse-Teams habe ich meine Führungsfähigkeiten unter Beweis gestellt und konnte mich auch als Teamplayer beweisen.
> Gerade Ihre Firma als dynamisches Unternehmen in einem spannenden Umfeld mit großen Herausforderungen wäre für mich der ideale Arbeitgeber.
> Mit freundlichen Grüßen
> Dirk Beck

Bei diesem Anschreiben könnte man in Betracht ziehen, es bereits als K.O. Kriterium zu werten. Auffällig ist sofort, dass der Name in der Adresse und die Anrede im Brief nicht übereinstimmen. Insofern kann man vermuten, dass es sich um einen Fehler bei „copy and paste" handelt. Dazu passt, dass das Schreiben nur aus inhaltsleeren Begriffen besteht, die ein vollkommen unrealistisches Bild des scheinbar idealen Kandidaten zeichnet. Es ist in solchen Anschreiben nicht unüblich, dass der Bewerber zu übertriebenen Formulierungen neigt, denn er möchte sich natürlich in einem möglichst positiven Licht darstellen. Dennoch zeigt dies ein gewisses Maß an sprachlicher Unbeholfenheit und mangelndes Einfühlungsvermögen in die Interessenlage des Gegenübers, was im Vertrieb jedoch eine wesentliche Fertigkeit ist. Auch der Rückbezug auf den Sport für die berufliche Eignung ist wenig sinnvoll. Allerdings ist es für Bewerber ohne Berufserfahrung auch sehr schwierig, Argumente zu finden, weshalb sie nun besonders für eine Stelle geeignet sind. Auch die Idealisierung des potenziellen Arbeitgebers ist unrealistisch, denn schließlich handelt es sich um einen Getränkevertrieb und nicht um

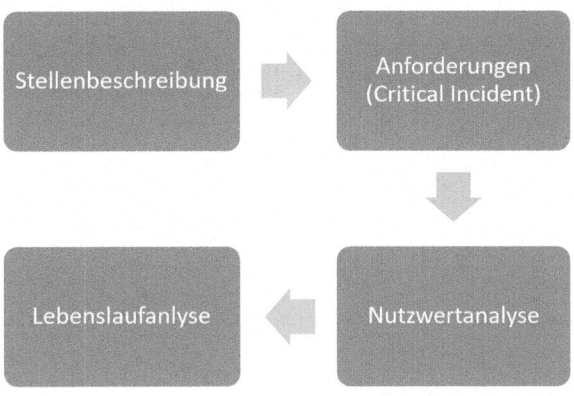

Abb. 1.3 Analyseprozess

ein Start Up im Silicon Valley. Aber vor allem sind diese Aussagen vollkommen allgemein und wären in jedem anderen Umfeld genauso passend oder unpassend. Auch dies verweist auf „copy and paste" und darauf, dass die wesentliche Motivation wohl darin liegt, dass der Arbeitgeber am Wohnort des Bewerbers ansässig ist. Problematisch ist auch der Verweis auf das eigene Studium. Zum einen vergibt der Bewerber sich die Chance durch genaueres Eingehen auf Studium und Praxisphasen den Bezug zur Stelle herzustellen. Zum anderen aber wirkt die Aussage, dass es erhebliche Abweichungen zwischen der Studienleistung und den Praxisleistungen gibt, sehr unglaubwürdig, denn in der Regel gibt es wenige Abweichungen. Grundsätzlich sollte man das Anschreiben nicht überbewerten, wenn ansonsten alles auf eine Passung hindeutet. Grundsätzlich gilt, dass jeder Kandidat, der leichtfertig aussortiert wird, später nicht mehr zur Verfügung steht. In diesem Fall allerdings müsste der Lebenslauf schon sehr überzeugende Argumente aufweisen, um eine Einladung zum Gespräch zu rechtfertigen (vgl. Abb. 1.3).

Literatur

Eisenführ, F., Langer, T., & Weber, M. (2010). *Rationales Entscheiden*. Berlin: Springer.
Flannagan, J. (1954). The critical incident technique. *Psychological Bulletin, 51*(4), 327.
Schaub, G., & Koch, U. (2014). *Arbeitsrecht von A–Z*. München: DTV.
Kanning, U. P. (2009). *Von Schädeldeutern und anderen Scharlatanen*. Lengerich: Pabst Science Publishers.
Kanning, U. P., Pöttker, J., & Klinge, K. (2008). *Personalauswahl. Leitfaden für die Praxis*. Stuttgart: Schäffer-Poeschel.
Krings, T. (2012). Der HR Business Partner- Ein Missverständnis? *Personalwirtschaft, 2012*(7), 35.
Wottawa, H. (2013). Formalisierung der Urteilsfindung. In W. Sarges (Hrsg.), *Management-Diagnostik* (S. 911). Göttingen: Hogrefe.

Personalmarketing 2

*Unsere Konditionen sind so unattraktiv, dass ich nur den am
wenigsten schlechten Kandidaten aussuchen kann.*
(Ungenannte Führungskraft)

Zusammenfassung

Eine Stellenanzeige hat einerseits die Aufgabe, dem Kandidaten die notwendigen Informationen zu vermitteln, um zu entscheiden, ob es sinnvoll ist, sich für eine Stelle zu bewerben. Gleichzeitig soll sie auch einen Anreiz schaffen, sich zu bewerben. Eine professionelle Stellenanzeige ist daher immer präzise, aber auch so gestaltet, dass sie den Bewerber emotional anspricht. In einer sich immer schneller verändernden Gesellschaft verlieren traditionelle Ansprachekanäle wie Tageszeitungen an Bedeutung. Daher ist es von großer Bedeutung, seine Zielgruppe zu kennen und zu wissen, auf welchem Weg diese effektiv erreicht werden kann. Spezialisierte Job-Börsen gewinnen dabei zunehmend an Bedeutung. Gerade für kleinere Unternehmen empfiehlt sich die Zusammenarbeit mit externen Agenturen, um den Außenauftritt zu professionalisieren. Jedoch ist nicht nur das „Wie" einer Stellenanzeige entscheidend, sondern auch, was man anbietet. Längst hat sich der Arbeitsmarkt vom Arbeitgeber- zum Arbeitnehmermarkt gewandelt. Daher ist es auch an diesem Punkt entscheidend, die Zielgruppe und ihre Bedürfnisse zu kennen, um seine Angebote darauf zuzuschneiden. Gerade die Generationen Y und Z haben deutlich differenziertere Bedürfnisse als die vorangegangene. Unter motivatorischen Gesichtspunkten ist vor allem zu berücksichtigen, wie man eine Stelle inhaltlich ausgestaltet. Nur wenn der Kandidat die Möglichkeit hat, sich in dieser Stelle inhaltlich weiter zu entwickeln, kann man sie stabil besetzen. Der Einsatz von Personalberatern kann eine sinnvolle Strategie zur Besetzung von Stellen sein. Jedoch ist zu beachten, dass der Markt sich in den letzten Jahren sehr stark entwickelt hat und sich neben seriösen Anbietern auch zahlreiche Berater tummeln, die keinen klassischen Beratungsprozess durchführen und auch nicht über die dafür notwendigen Ressourcen verfügen.

2.1 Grundlagen der Gestaltung: S-O-R und AIDA Modell

Einerseits ist die Definition von klaren und nachvollziehbaren Anforderungen eine Grundvoraussetzung, um eine Auswahl treffen zu können. Andererseits müssen sich diese Anforderungen so in der Stellenausschreibung wiederfinden, dass der potenzielle Bewerber einschätzen kann, ob er sich für die Stelle bewerben kann oder nicht. Ferner ist zu beachten, dass die Stellenanzeige nicht nur der sachlichen Kommunikation einer zu besetzenden Stelle und deren Eigenschaften dient, sondern vielmehr auch einen werblichen Charakter hat, also den Anreiz auslösen soll, sich zu bewerben. Daher sind neben den inhaltlichen Aspekten auch gestalterische zu beachten.

Auch wenn es heutzutage einige grundsätzlich neue, innovative und sehr unkonventionelle Herangehensweise an die Gestaltung werblicher Maßnahmen gibt, um sich aus der Informationsflut abzuheben, so sind Stellenanzeigen in der Regel eher konventionell gehalten. Ausgenommen hiervon sind höchstens Anzeigen, die nicht direkt konkrete Stellen bewerben, sondern sich auf das Arbeitgeberimage richten. Der Grund dafür liegt in der Tatsache, dass eine Bewerbung im Gegensatz zu einer Kaufentscheidung eben keine spontane Entscheidung sein soll und mehr Informationen als Emotionen transportiert werden müssen. Originelle Anzeigen können den Kandidaten auch irritieren, weil er sich damit überfordert fühlt oder aber sie dem Ernst des Vorgangs nicht angemessen findet.

Im Marketing arbeitet man mit dem sogenannten S-O-R Modell (Vgl. Redler 2012, S. 19) (vgl. Abb. 2.1). Der Grundgedanke dabei ist, dass ein Stimulus (S) gesetzt wird, der auf einen Organismus (O) einwirkt und dadurch einen Respons (R) erzeugt. Im einfachsten Fall heißt das, dass man eine Werbung schaltet, die im Betrachter den Wunsch auslöst, das Produkt zu kaufen. Da dieser Reiz nie bei allen die gleiche Reaktion auslösen kann, ist es wichtig, die konkrete Zielgruppe zu kennen. Als Beispiel kann hier die Werbekampagne der Firma Benetton aus den 90er Jahren dienen. Man arbeitete damals mit sehr provokanten Bildern wie z. B. von sterbenden AIDS Kranken. Dies wurde in der Presse teilweise sehr negativ aufgenommen, obwohl die Firma erklärte, damit auf die Ausgrenzung dieser Personen aus dem gesellschaftlichen Leben aufmerksam machen zu wollen. Trotz aller Kontroverse schadete die Kampagne dem Unternehmen nicht, denn sie wurde von der relevanten Zielgruppe positiv wahrgenommen. Coca Cola warb in den 80er Jahren mit Julio Iglesias, der für eine junge Zielgruppe vollkommen uninteressant war, wohingegen Pepsi Cola mit Michael Jackson warb. Damals hatte Pepsi Coca Cola in Bezug auf Beliebtheit überholt. Insofern ist es also entscheidend, die relevante Gruppe zu kennen und die Maßnahmen auf diese zuzuschneiden und nicht zu versuchen zu sehr in die Breite zu gehen. Man kann nicht alles für jeden sein. Auch das ist ein Argument, das dagegenspricht, bei der Definition von Anforderungen ungenau zu sein, um sich möglichst viele Optionen offen zu halten.

2.1 Grundlagen der Gestaltung: S-O-R und AIDA Modell

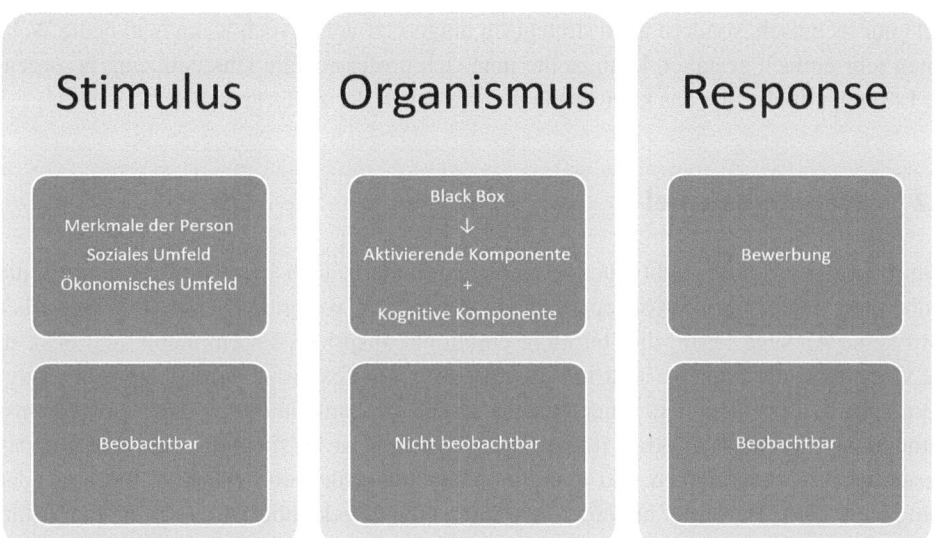

Abb. 2.1 SOR Modell

Die Gestaltung einer Anzeige folgte dem AIDA Modell (Vgl. wirtschaftslexikon.gabler.de). Die Buchstaben stehen für folgende Phasen, die in einer Anzeige aufeinander folgen:

- Attention (Aufmerksamkeit)
- Interest (Interesse)
- Desire (Wunsch auslösen)
- Action (Handlung)

In der Summe hat eine Anzeige also so gestaltet zu sein, dass sie zunächst die Neugierde des Lesers erweckt und ihn dann durch ein möglichst attraktives Angebot zum Handeln zu bewegen. Das heißt also, dass nicht nur der informative Charakter im Vordergrund steht, sondern, dass auch die Aktivierungsfunktion wichtig ist. Gerade hier ist auch auf die Besonderheiten moderner Medien zu achten. Viele Unternehmen übertragen die Gesetzmäßigkeiten der Printmedien 1:1 auf den online Bereich. Das funktioniert jedoch nicht, denn dort will man schneller Zugang zu relevanten Informationen und einfache Kommunikationsmöglichkeiten. Wer also eine Datei mit einer normalen Stellenbeschreibung in eine Jobbörse stellt, wird diesem Anspruch nicht gerecht. Die Kommunikationsberaterin Silvja Franjic bringt es in ihrem Blog „Die Textretter" auf den Punkt: In den Ausschreibungen wird viel gefordert und vorausgesetzt – das Profil platzt förmlich vor Anforderungen. Setzt man sich dann mit dem Arbeitgeber und dessen Webauftritt auseinander, wird es sehr schnell „dünn" und es passt so gar nichts zusammen. Da wird viel verlangt und leider wenig geboten. Deshalb ist es wichtig, dass eine solche Kommunikation geplant wird und nicht nur technisch, sondern auch strategisch umgesetzt wird. Auch wenn man heute Webseiten sehr einfach gestalten kann, sollte man sich professionelle Unterstützung besorgen, die Lösungen findet, die das kommunikationsverhalten der Zielgruppe berücksichtigt.

2.2 Negativbeispiel

Damit zeigt sich, dass nicht nur die Sprache, sondern auch die Bildsprache bzw. die Einbettung in ein online-Konzept und die Gestaltung wesentlich sind. Der Bewerber wird keine Anzeige lesen, die ihn nicht emotional anspricht. Es empfiehlt sich also, in die Gestaltung der Anzeige und in das professionelle Texten zu investieren. Dies zeigt jedoch auch, dass der Text einer Anzeige nicht zu dominant sein darf, da sie sonst unmöglich dem AIDA Modell folgen kann. Insofern ist es sinnvoll, sich dort auf das wesentliche zu beschränken und detaillierte Stellenprofile bereitzuhalten, die entweder vom potenziellen Bewerber angefordert werden können oder aber mit der Einladung zum Auswahlgespräch versandt werden. Folgende Anzeige kann als Illustration dafür dienen, wie man eine Anzeige nicht gestalten sollte. Einziges grafisches Element war das Logo des Beraters, der die Anzeige im Kundenauftrag geschaltet hat:

> **Beispiel**
> Herausfordernde Gestaltungsaufgabe in einem internationalen und dynamischen Umfeld
> **Personalexperte für Global HR Shared Services (m/w)**
> Wir sind ein weltweit führender Zulieferer der Automobilindustrie für unterschiedliche Produktsparten und erwirtschafteten 2014 einen Umsatz im deutlich zweistelligen Milliardenbereich.
>
> Wir haben uns in den vergangenen Jahren durch marktorientierte Umgestaltung dynamisch verändert und sind nicht zuletzt durch verschiedene Akquisitionen weltweit gewachsen. Etwa 80 % unserer Mitarbeiterinnen und Mitarbeiter werden von unseren HR Shared Service Centern betreut, die weltweit vertreten sind. Wir suchen einen gestaltungsmotivierten Personalexperten (m/w) für Global HR Shared Services für die weltweite und übergreifende Koordination und den weiteren Ausbau aller HR Shared Services.
>
> Sie berichten an den Leiter der Konzernfunktion Global HR Services und sind in einem Expertenteam verantwortlich für die Weiterentwicklung der etablierten HR Shared Services. Dazu gehört die Entwicklung und Umsetzung einer Detailstrategie, die die Expansion und den Ausbau proaktiv unterstützt. Potenzial zur Erweiterung der HR Services besteht z. B. mit Blick auf die Bereiche Weiterbildung, Management der Organisationsdaten und Personalrekrutierung. Darüber hinaus können weitere Ausbaufelder von Ihnen definiert werden. Durch gezieltes Networking mit Spezialisten weltweit stellen Sie die systematische Strukturierung und Bündelung von Prozessen sicher, um zum einen den Professionalisierungsgrad zu erhöhen und zum anderen zur

2.2 Negativbeispiel

Entlastung der betreuten Geschäftseinheiten beizutragen. Neben der Entwicklung und Umsetzung von HR Shared Service Konzepten einschließlich Wirtschaftlichkeitsanalysen und Erfolgskontrollen sind Sie ebenfalls verantwortlich für die Optimierung von Schnittstellen zu Kunden und Lieferanten. Sie etablieren effektive Service-Level-Agreements und Qualitätsmanagementsysteme auf der Basis, sowohl externer als auch interner Benchmarks.

Als unser Idealkandidat (m/w) verfügen Sie neben einem erfolgreich abgeschlossenen Studium (z. B. mit dem Schwerpunkt Personal) über mehrjährige Berufserfahrung in einem vergleichbaren Umfeld. Zusätzlich zu Ihrer breiten operativen Kompetenz im Bereich Shared Services sind Sie insbesondere bestens vertraut mit Near- und Offshoring-Prozessen. Sie bewegen sich sicher auf internationalem Parkett und haben in der Vergangenheit nachweislich erfolgreich Aktivitäten im Auf- und Ausbau von Shared Service Strukturen umgesetzt. Aufgrund Ihres besonnenen Handelns in Verbindung mit Entscheidungsfreude und Durchsetzungsstärke gelingt es Ihnen gut, divergierende Interessen in Einklang zu bringen. Ebenfalls erfahren sind Sie im Prozess-, Projekt- und Qualitätsmanagement in einem dezentral geprägten und komplexen Umfeld. Pragmatismus und Lösungsorientierung zeichnen Sie aus. Wir bieten Ihnen eine herausfordernde Gestaltungsaufgabe in einem internationalen und dynamischen Umfeld. Konkrete Perspektiven zur Weiterentwicklung sind bei entsprechender Leistung ebenfalls gegeben.

Für weitere Informationen stehen Ihnen unsere Berater, Frau Doris Grabowski und Herr Boris Baller-Mann, unter der Rufnummer +49 6011 9007657-09 gern zur Verfügung. Absolute Diskretion sowie die Berücksichtigung von Sperrvermerken sichern wir Ihnen selbstverständlich zu.

Sollte diese Vakanz Ihr Interesse finden, freuen wir uns auf Ihre aussagekräftige Bewerbung (tabellarischer Lebenslauf, Zeugniskopien, Angabe des Gehaltswunsches/ Eintrittstermins) unter Angabe der **Kennziffer 4711-0815** über unser Job-Portal

Abgesehen von den leider üblichen inhaltlichen Ungenauigkeiten (Studium z. B. Personalwesen) ist die Anzeige wenig tauglich, um Kandidaten für die Stelle zu begeistern. Zum einen fehlen jegliche grafischen Gestaltungselemente. In Kombination mit dem unüblich umfangreichen Fließtext wirkt die ganze Anzeige dadurch sehr wenig ansprechend und dafür aber unübersichtlich. Durch die langen Textpassagen wirkt die Anzeige auch sehr unstrukturiert. Es ist letztlich nicht nachvollziehbar, weshalb man sich für diese Form der Darstellung entschieden hat. Eine Darstellung in Stichworten mit Aufzählungszeichen wäre wesentlich effektiver gewesen und hätte die gleichen Informationen transportiert. Auch die Wortwahl ist teilweise unglücklich. Sicher sollte eine Person, die sich auf diese Stelle bewirbt wissen, was Offshoring ist. Der Begriff Nearshoring hingegen ist unüblich und unter Umständen auch einem Experten nicht vertraut. Äußerst ungeschickt ist vor allem die Stellenbezeichnung aus der nicht klar hervorgeht, ob es sich um eine Fach- oder eine Führungsfunktion handelt. Die sperrige Stellenbezeichnung weckt vor allem sicherlich wenig Interesse. Die nichtssagende Überschrift (herausfordernd, dynamisch) wirkt in diesem Zusammenhang fast schon ironisch.

Ob man tatsächlich Ansprechpartner mit Telefonnummer in einer Anzeige angeben sollte, ist fraglich. Sicherlich gibt es Positionen, bei denen sich das anbietet. Andererseits ist es natürlich auch ein Zeichen dafür, dass die Anzeige nicht gut formuliert ist, wenn noch Fragen offenbleiben. Gerade bei einer so umfangreichen Anzeige wie der hier zitierten wäre das seltsam. Aber viele Bewerberratgeber empfehlen Bewerbern, im Unternehmen anzurufen, um so bereits auf sich aufmerksam zu machen. Gerade wenn man keine Personalabteilung hat, birgt es das Risiko in sich, dass man die eigenen Arbeitsabläufe empfindlich stört. Hat man eine Personalabteilung ist die Nennung eines Ansprechpartners auch wenig zielführend, da häufig sehr detaillierte Fragen zur Stelle gestellt werden (z. B. welches IT System die Buchhaltung verwendet), dass der Personaler sie auch nicht beantworten kann. Daher sollte die Anzeige alles das enthalten, was für den Bewerber relevant ist, um sich zu bewerben, so dass Rückfragen grundsätzlicher Natur nicht notwendig sind.

2.3   Inhaltliche Grundsätze

So stellt sich nun die Frage, wie viel Information eine Anzeige denn enthalten muss. Folgende Elemente müssen auf jeden Fall enthalten sein:

- Firmenvorstellung
- Stellenbezeichnung
- Aufgaben
- Anforderungen
- Leistungen
- Verlangte Unterlagen

In Bezug auf die Unterlagen ist darauf zu achten, dass es zwar in Deutschland üblich ist, ein Bewerbungsbild beizulegen und Angaben zu machen, die laut AGG nicht entscheidungsrelevant sein dürfen, aber diese dürfen auf keinen Fall angefordert werden. Wenn Firmen online-Bewerbersysteme haben, ist es in manchen Fällen nicht möglich, die Bewerbung abzuschicken, ohne ein Bild anzuhängen. Auch dies verstößt gegen das AGG. Dies gilt natürlich auch für die Anforderungen. Insbesondere wenn man über keine eigene Personalabteilung verfügt, sollte man sicherstellen, dass die Anzeige AGG konform formuliert ist. Zum einen ist die Außenwirkung eines AGG Verstoßes oder sogar einer Klage verheerend. Zum anderen aber ermöglicht eine Anzeige auch die einfachste Beweisführung. Nicht nur die offensichtlichen Punkte wie eine geschlechterspezifische Ausschreibung, Alter u. ä. können AGG Verstöße darstellen, sondern auch Formulierungen wie „dynamisch" o. ä.

2.3 Inhaltliche Grundsätze

Bei den Leistungen ist man natürlich eher zurückhaltend. Aber insbesondere Fringe Benefits oder andere Leistungen des Unternehmens sollten hervorgehoben werden. Auch Themen wie Home Office, flexible Arbeitszeiten sollten dort genannt werden, weil die heute für zahlreiche Bewerber ein Grund ist, sich für oder gegen einen Arbeitgeber zu entscheiden.

Eine sinnvolle Stellenanzeige kann gestaltet werden wie folgt:

Beispiel

Wir sind eine Anwaltssozietät mit 4 Anwälten und spezialisiert auf Erb- und Familienrecht. Für unsere Kanzlei in Heidelberg (Weststadt) suchen wir ab 1.10. 2015 eine/n
Office Manager/in
Aufgaben:

- Leitung des Büros mit 5 Sekretariatskräften
- Personaleinsatzplanung
- Koordination der Büroarbeiten von 4 Anwälten
- Eigenständige Durchführung aller administrativen Aufgaben
- Planung von Gerichtsterminen
- Verantwortung für Schriftsätze und Urkunden
- Rechnungs- und Mahnwesen
- Ausbildungsverantwortliche/r
- Kontakt mit nationalen und internationalen Mandanten

Anforderungen:

- Abgeschlossene Ausbildung als Notariatsfachkraft
- Berufserfahrung in einer Anwaltskanzlei/in einem Notariat
- Erfahrung in der Leitung eines Sekretariats
- AdA Schein
- Erfahrung in der Erstellung von Abrechnungen nach Gebührenordnung
- Englisch Level C 1

Wir bieten ein außertarifliches Gehalt mit einer variablen Komponente. Durch einen Kooperationsvertrag können wir Ihnen günstige Konditionen bei der privaten Kindergartengruppe HRS anbieten. Unsere Arbeitszeiten sind flexibel bei einer Kernarbeitszeit von 10.00–16.00. Bis zu zwei Home Office Tage sind möglich.

Bitte übersenden Sie Ihren Lebenslauf inkl. aller Zeugnisse ab Verlassen der Schule per e-mail an: Bewerbungen@ra-justitia.de.

Anwaltssozietät Justitia GmbH
Oderbruchweg 7
69118 Heidelberg

Diese Anzeige ist nun sehr nüchtern formuliert und aktiviert nur begrenzt auf einer emotionalen Ebene. Ob und in welchem Umfang man nun Einleitungstexte wählt, der begeisternd wirken soll oder witzig ist und welche Art der Ansprache man wählt, hängt letztlich von der Kultur der Firma, der Zielgruppe und der erwünschten Außenwirkung ab. So ist die hier gewählte Form der Ansprache für eine Anwaltskanzlei und die Zielposition sicher angemessen. Ein Start-up-Unternehmen in der IT Branche oder eine Werbeagentur würde sicher einen vollkommen anderen Einstieg wählen und vielleicht in der Ansprache auch zum „Du" übergehen, auch wenn dies rechtlich nicht ganz unproblematisch sein dürfte, da dies als Indiz für Altersdiskriminierung gewertet werden könnte.

Die Anzeige enthält alle notwendigen Informationen in einer übersichtlichen Form. Hier steht weniger der „Attention"-Aspekt im Vordergrund als vielmehr die Lesefreundlichkeit. Wichtig ist es, den Einsatzort tatsächlich in der Anzeige anzugeben. So suchte ein deutsches Unternehmen vor einigen Jahren eine Sekretärin für den Geschäftsführer der bulgarischen Tochtergesellschaft, die ihren Sitz in Sofia hatte. Dies wurde nicht ausdrücklich erwähnt und so kamen sehr viele Bewerbungen aus dem Ort, in dem die Firma ansässig war, da viele Bewerber sich nicht vorstellen konnten, dass ein Geschäftsführer sich tatsächlich physisch in dem betreffenden Land aufhält. Gerade bei Fach- und Führungspositionen ist die Angabe des Dienstsitzes wichtig, da Bewerber es zunehmend als selbstverständlich ansehen, dass sie nicht in eine Organisation eingebunden sind, sondern ihre Arbeit in einer Kombination von Home Office und Pendeln verrichten können. Wenn dies also nicht möglich oder erwünscht ist, dann muss dies auf jeden Fall in der Anzeige vermerkt sein, um unnötigen Aufwand und mögliche Imageschäden für das Unternehmen zu vermeiden.

Natürlich würde man auch individuelle Gestaltungselemente wie ein Firmenlogo, Bilder o. ä. verwenden. Auch hier gilt, dass die Bildsprache den Inhalt der Anzeige unterstützt und den Ton trifft, der für Firma und Zielgruppe passend ist. Grundsätzlich sollte man nie ein grafisches Element um seiner selbst willen einsetzen, sondern nur gezielt, um die Kernaussagen zu unterstreichen. So gab ein DAX 30 Konzern vor einigen Jahren eine Karrierebroschüre für Hochschulabsolventen heraus. Die Werbeagentur unterbreitete Bildvorschläge, in denen junge Männer vor der Hauptverwaltung standen oder in der Lobby saßen. Diese Bilder hatten eigentlich nur eine Aussage, nämlich, dass Frauen unerwünscht sind. Ansonsten waren die Bilder inhaltsleer. Man trennte sich schließlich von der Werbeagentur und suchte sich einen Fotografen. Die Idee für die Bilder kam schließlich von der Sekretärin des Abteilungsleiters: man wählte zwei Models aus, eines männlich und eines weiblich. Sie saßen in einem nicht erkennbaren Raum und hielten einen Globus in der Hand, auf dem die Logos der einzelnen Firmen des Konzerns abgebildet waren: die klare Botschaft war, dass das Unternehmen jungen Menschen, männlich wie weiblich, globale Karrieren ermöglicht. Man kann sicher diskutieren, ob es sinnvoll ist mit Models zu arbeiten, da diese eben meist nicht wie der Durchschnittsmensch aussehen, den man ansprechen will. Eine eindrucksvolle Kampagne von REWE hat 2014 und 2015 gezeigt, wie eindrucksvoll es sein kann, mit echten Mitarbeitern als Werbeträger zu arbeiten. Häufig ist es jedoch der Wunsch der Fotografen, mit (semi-)professionellen Models zu arbeiten, weil dies einfacher ist.

In Zeiten der modernen IT Technologie ist es relativ einfach geworden, selbst Bilder, Illustrationen o. ä. zu schaffen und in Anzeigen oder Broschüren einzufügen. Hier ist ein Wort der Warnung angebracht: es ist zwar relativ einfach, so etwas technisch umzusetzen, doch sind nicht nur Kenntnisse in der Bedienung der jeweiligen Programme erforderlich, sondern auch in Bezug auf gestalterische Grundprinzipien. Häufig sind hausgemachte Anzeigen oder Broschüren dann bestenfalls nur 80 % Qualität, was in der Außenwirkung negativ ist. Kann oder will man die Kosten für eine professionelle Gestaltung nicht aufbringen, so gilt, dass weniger mehr ist.

2.4 Zielgruppe

Für jede Art von Marketing ist die Kenntnis der Zielgruppe der entscheidende Erfolgsfaktor. Man muss wissen über welche Kanäle diese erreicht werden kann, welche Art der Ansprache die angemessene ist und welche konkreten Medien sie erreichen. In einem modernen Marketingverständnis geht man jedoch einen Schritt weiter: es reicht nicht aus, zu planen, wie man seine Zielgruppe erreicht, sondern die gesamten Tätigkeiten des Unternehmens müssen sich an dieser Zielgruppe und ihren Wünschen und Bedürfnissen orientieren. Grundsätzlich redet man von Marketing als einer „konsequenten Ausrichtung aller Unternehmensaktivitäten auf den Markt" (Vgl. Redler 2012, S. 2). Hier greifen viele Unternehmen zu kurz, da sie unter Personalmarketing häufig nur die Planung werblicher Auftritte planen. Doch in Zeiten des Wandels vom Arbeitgeber- zum Arbeitnehmermarkt, genügt dies nicht mehr, da es letztlich auch ein Überangebot solcher Maßnahmen gibt. Man kann dies an einem konkreten Beispiel erläutern: ein großes Einzelhandelsunternehmen hat festgestellt, dass es nicht mehr gelingt, alle Ausbildungsplätze in der gewünschten Qualität und Quantität zu besetzen. Im ersten Schritt erhöhte man das Budget für werbliche Maßnahmen, schaltete Anzeigen und nahm verstärkt an Ausbildungsmessen teil. Dort stand man im Wettbewerb mit zahlreichen anderen Unternehmen. Die Zahl der Bewerbungen bzw. deren Qualität veränderte sich jedoch nicht signifikant. Im Rahmen einer Bachelorarbeit wurde eine empirische Studie in Form einer Befragung der Zielgruppe durchgeführt. Hier zeigt sich, dass die Schüler grundsätzlich ein hohes Maß an Unsicherheit bei der Berufswahl hatten und einen sehr geringen Kenntnisstand über Berufsbilder im Einzelhandel. Insofern wurde klar, dass es also nicht um die Ausweitung der Maßnahmen ging, sondern vielmehr um eine neue Qualität des Personalmarketings. Man veränderte daher die Strategie dahingehend, dass man nun verstärkt auf Schulpartnerschaften mit informativem Charakter und Schülerpraktika setzte. Beides ist sicher ein höherer Aufwand für die Organisation als Messebesuche und Anzeigen, aber es war der effektivere Weg, an passende Bewerber zu kommen. Insofern zeigt sich hier auch die grundlegende Problematik, dass in der augenblicklichen Marktsituation effektive Personalarbeit nicht mehr als reiner Kostenfaktor gesehen werden darf, sondern vielmehr als Investition. Das trifft kleinere Unternehmen in Bezug auf die zu Verfügung stehenden Ressourcen unter Umständen empfindlich, aber gerade kleinere und mittlere Unternehmen werden vom viel beschworenen War for Talents wesentlich stärker betroffen sein als bekannte Konzerne (vgl. Blumestock 1994, S. 216). Tatsächlich geht Personalmarketing sogar noch einen Schritt weiter: keine Strategie der Ansprache ist richtig, wenn das was man anzubieten hat, nicht marktgerecht ist. Insofern beginnt Personalmarketing bereits bei personalwirtschaftlichen Instrumenten (Vgl. Blumenstock 1994, S. 53). Die traditionelle Form der Arbeit mit einer festen Arbeitszeit, Vollzeitstelle und Anwesenheitspflicht im Büro ist heute im Arbeitsmarkt für viele kein attraktives Angebot mehr. Gefragt sind flexible Arbeitszeiten, Lebensarbeitszeitmodelle und Home Office Lösungen sind gefragt. Arbeitnehmer wollen und müssen vielleicht auch berufliche Auszeiten nehmen, legen mehr Wert auf persönliche Weiterentwicklung und gerade die Generation Y (nach 1977 und vor 1999 geboren) hebt den Widersprich zwischen Arbeit und „Spaß" auf und hat daher ganz andere Erwartungen an die Ausgestaltung von Arbeit und Führung. Eine Firma, die auf diese Herausforderungen keine Antwort hat, wird nicht erfolgreich am Arbeitsmarkt agieren können. Es ist also weniger eine Frage, ob ein Unternehmen sich dies leisten kann, sondern vielmehr eine von Angebot und Nachfrage. Zukünftig werden gerade kleinere Unternehmen sich entweder zusammenschließen müssen, um konkurrenzfähige personalwirtschaftliche Instrumente anbieten zu können oder aber auf externe Dienstleister zurückgreifen müssen (Vgl. Krings 2015, S. 64). Dies im Detail auszuführen, würde den Rahmen dieses Buchs sicherlich sprengen, da hier ja der Auswahlprozess im engeren Sinne betrachtet werden soll. Anzumerken ist jedoch, dass sie Ausgestaltung der Stelle in Bezug auf den Lebensentwurf des Bewerbers und die personalwirtschaftlichen Instrumente des Unternehmens zur planerischen Vorbereitung eines Suchprozesses gehört.

2.5 Exkurs Motivation

2.5.1 Erfahrung und Neugier

Wie in den vorangegangenen Kapiteln aufgezeigt, geht es bei Personalauswahl grundsätzlich darum, herauszufinden welche Erfahrungen, Kompetenzen, Fähigkeiten und Fertigkeit der Bewerber mitbringt, die benötigt werden, um die Stellen ausfüllen zu können. Folgt man dieser Logik ohne Einschränkungen, dann könnte man zu dem Schluss gelangen, dass es sinnvoll wäre, den Kandidaten einzustellen, der genau diese Stelle schon einmal in einem anderen Unternehmen innehatte. Diese Versuchung ist besonders beim Einsatz von Personalberatern hoch, denn dieser soll je genau die Kandidaten finden, die sich nicht aktiv auf dem Arbeitsmarkt umschauen. Ein mittelständisches Unternehmen hat z. B. nach der Strategie gearbeitet, von extern nur solche Mitarbeiter einzustellen, die tatsächlich bereits eine identische Stelle innehatten oder sogar Positionen mit weiterführender inhaltlicher Verantwortung. Man hat die betreffenden Personen dann entweder durch ungenaue bis unwahre Informationen über die Zielposition gewonnen und eine höhere Bezahlung als Motivator genutzt. Das Ergebnis war, dass die Fluktuation in diesem Unternehmen erheblich über dem Branchendurchschnitt lag. Dies verursacht zum einen Kosten, führte aber zum anderen dazu, dass Schlüsselpositionen im Unternehmen unbesetzt waren und erhebliche Wettbewerbsnachteile entstanden.

2.5.2 Gehalt

Erich Kästner stellte einmal fest, dass Geld zwar keine Hauptsache, aber die wichtigste Nebensache ist. Insofern kommt dem richtigen Gehalt eine Schlüsselrolle bei Personalrekrutierung und –bindung zu. Doch was ist das richtige Gehalt? Der amerikanische Psychologe Abraham H. Maslow legte 1954 mit seinem grundlegenden Werk „Motivation und Persönlichkeit" eine „holistisch-dynamische Theorie" (Maslow 2014, S. 62) vor. Maslow stellt in seinem grundlegenden Werk fest, dass die meisten vermeintlichen Erkenntnisse über menschliche Motivation „nicht von den Psychologen, sondern von den Psychotherapeuten" (Maslow 2014, S. 61) stammen. Damit thematisiert Maslow eines der grundlegenden Probleme der Psychologie in der Personalarbeit, nämlich dass die Psychologie traditionell in Defiziten und Krankheitsbildern denkt, die es zu heilen gilt, sich aber weniger an Stärken und Chancen orientiert. Daher beschäftigt sich die Personalentwicklung auch heute oft noch mit Schwächen statt mit Stärken. Konkret bedeutet das, dass in der Regel derjenige auf eine Fortbildung geschickt wird, der etwas schlecht kann, statt dass man dies als eine Chance dazu sieht, dass Mitarbeiter, die etwas gut können, dies auf hohem Niveau perfektionieren können. Das ist gerade so als würde ein Fußballtrainer mit einem Torwart trainieren, wie man Tore schießt statt seine Fähigkeit Tore zu halten weiter zu entwickeln. Maslow konstatiert, dass die Erkenntnisse aus der Behandlung von Krankheitsbildern nur sehr bedingt valide sind, weil die Probanden „eine schlechte Stichprobe aus der Bevölkerung" (Maslow 2014, S. 61) darstellen. Durch die reine Arbeit an Schwächen entwickelt man sich jedoch nicht wirklich weiter und erlebt auch wenig Motivierendes. Diesem defizitorientierten Ansatz setzt Maslow das neue Modell der Humanistischen Psychologie entgegen.

Maslow baut hier eine Hierarchie der Grundbedürfnisse auf. Zunächst definiert er sogenannte Defizitbedürfnisse. Hierzu gehören zunächst die physiologischen Bedürfnisse. Damit sind Grundbedürfnisse wie Hunger, Schlaf, Durst, Sexualität u. ä. gemeint. Maslow weist darauf hin, dass diese Bedürfnisse nicht eindeutig von anderen abzugrenzen sind. So kann ein Hungergefühl z. B. aus psychologischen Gründen entstehen (z. B. Frustessen). Dennoch gilt, dass alle anderen Bedürfnisse „in den Hintergrund gedrängt" (Maslow 2014, S. 63) werden, wenn „alle Bedürfnisse unbefriedigt sind und der Organismus damit von den physiologischen Bedürfnissen beherrscht wird" (Maslow 2014, S. 63). Sind diese Bedürfnisse jedoch befriedigt, dann tauchen „andere und höhere Bedürfnisse" (Maslow 2014, S. 65). Diese Bedürfnisse entstehen also durch ein Defizit (z. B. Hunger). Ist dieses Defizit abgestellt, ist das Bedürfnis befriedigt. Ein Mehr als Bedürfnisbefriedigung bringt also kein Mehr an Motivation. Allerdings weist Maslow an dieser Stelle auch darauf hin, dass solche Bedürfnisse durchaus eine wesentlich höhere

Bedeutung erreichen kann, wenn ein Mensch in der Vergangenheit unter Entbehrung gelitten hat (Vgl. Maslow 2014, S.65).

Auf der nächsten Stufe sieht Maslow die Sicherheitsbedürfnisse. Damit ist einerseits eine Stabilität im persönlichen Umfeld gemeint. Bei Kindern bedeutet dies z. B. dass sie für eine gesunde Entwicklung eine „organisierte und strukturierte Welt" (Maslow 2014, S. 67) brauchen und nicht „uneingeschränkte Permissivität" (Maslow 2014, S. 67). Bei Erwachsenen ist damit unter anderem eine gesellschaftliche Stabilität gemeint, die die körperliche Unversehrtheit garantiert. Aber auch die ökonomische Sicherheit ist ein wichtiger Aspekt. So haben aktuelle Studien gezeigt, dass unter Nachwuchswissenschaftlern zunehmend psychische Krankheitsbilder auftauchen. Die Erklärung hierfür ist, dass die materielle Unsicherheit, die durch schlechte Bezahlung, Zeitverträge und Abhängigkeit von mehr oder weniger willkürlichen Entscheidungen anderer eine so tiefe Verletzung dieses Grundbedürfnisses darstellen, dass dies zu einer psychischen Erkrankung führt. Letztlich gilt dies auch für Stress, wenn dieser zu einer physischen und/oder psychischen Überforderung fühlt und der Mitarbeiter das Gefühl verliert, seine Situation kontrollieren zu können. Insofern muss man sich darüber im Klaren sein, dass die Frage, welche Form des Arbeitsverhältnisses man wählt, starke Auswirkungen auf die Motivation und damit die Leistungsfähigkeit und –bereitschaft des Mitarbeiters hat. Die Möglichkeit, zunächst mit einem befristeten Arbeitsverhältnis, einem Werkvertrag[1] oder Zeitarbeit eine Stelle zu besetzen, minimiert zwar das Risiko für den Arbeitgeber. Insofern das gewählte juristische Konstrukt legal ist, bietet es die Möglichkeit den Mitarbeiter oder potenziellen Mitarbeiter relativ risikolos zu erproben. Da diese Situation jedoch potenziell das Grundbedürfnis nach Sicherheit verletzt, ist fraglich ob der Mitarbeiter in einem Kontext beurteilt wird, der seine normale Leistungsfähigkeit widerspiegelt. Zur Sicherheit gehört auch die Entlohnung, die einerseits die Abwesenheit materieller Not zur Folge haben muss und andererseits aber auch Mittel zum Zweck ist, wenn es „den Zugang zu höheren Ebenen der menschlichen Natur ermöglicht" (Maslow 2014, S. 90). Was damit gemeint ist, ist dass inhaltliche Selbstverwirklichung erst dann möglich ist, wenn materielle Sicherheit gegeben ist und die notwendigen Kosten gedeckt werden können. Praktisch ausgedrückt heißt dies, dass derjenige der Geige spielen will, sich auch den Kauf der Geige leisten können muss. Statussymbole u. ä. grenzt Maslow davon

---

[1]Der Werkvertrag gemäß §§ 631 ff. BGB unterscheidet sich vom Dienst- und Arbeitsvertrag dadurch, dass nicht die Tätigkeit kontinuierlich vergütet wird, sondern nur das Ergebnis, ungeachtet des notwendigen Aufwands. Für einen gut ausgelasteten Berater kann dies z. B. sehr attraktiv sein. Jedoch bedeutet diese selbstständige Form der Arbeit, dass das Risiko ausschließlich beim Leistungserbringer liegt (Vgl. Schaub und Koch 2014, S. 663). Ein Missbrauch des Werkvertrags liegt bei der sogenannten Scheinselbstständigkeit vor, wenn eine Person faktisch ein Angestellter ist (Einbindung in die Organisation, materielle Abhängigkeit, physische Anwesenheit, Weisungsgebundenheit) diese Tätigkeit jedoch als Selbstständiger ausübt. Hierbei liegt nicht nur ein Verstoß auf arbeitsrechtlicher Ebene vor, sondern auch die Hinterziehung von Sozialabgaben. (Vgl. Schaub und Koch 2014, S. 533 f.).

ausdrücklich ab. Wenn jemand die Anhäufung von Geld als Selbstzweck betrachte, so geht Maslow hier von einem Krankheitsbild aus (Vgl. Maslow 2014, S. 90 f.) Maslow ist zwar nicht ganz unumstritten, was kulturübergreifende Bedeutung angeht und auch bei der Abfolge der Bedürfnisse können Zweifel angemeldet werden, doch steht die grundsätzliche Unterteilung zwischen Defizitbedürfnissen und Motivatoren außer Frage.

2.5.3 2- Faktoren-Theorie von Herzberg

Die empirischen Untersuchungen von Frederick Herzberg bestätigen Maslows Annahmen. Herzberg hat Befragungen durchgeführt und konnte auf deren Basis „Hygienefaktoren" und „Motivatoren". Hygienefaktoren, zu denen z. B. auch das Gehalt gehört, können nur Unzufriedenheit erzeugen, wenn sie nicht vorhanden sind. Das bedeutet, dass über Hygienefaktoren nie Zufriedenheit erzeugt werden kann, sondern nur die Abwesenheit von Unzufriedenheit. Zufriedenheit kann nur über die Motivatoren erzeugt werden. Zu diesen gehören die Möglichkeit Leistung zu erbringen, Anerkennung, anspruchsvolle Arbeitsinhalte sowie persönliche und inhaltliche Weiterentwicklung (Vgl. Schirmer 2009, S. 40 f.). Wie Maslow auch das Bedürfnis nach Liebe und Zugehörigkeit zu den Defizitbedürfnissen zählt (Vgl. Maslow 2014, S. 70 ff.), so sieht auch Herzberg die Beziehung zu Kollegen und Vorgesetzten als einen Hygienefaktor. Das Betriebsfest oder der Firmenausflug trägt also wenig zur Motivation bei, wenn das Betriebsklima stimmt.

Die Findung eines angemessenen Gehalts ist also entscheidend für die Motivation eines Kandidaten, sich für eine Stelle zu entscheiden und diese Aufgabe motiviert wahrzunehmen. Das bedeutet jedoch nicht, dass mehr Gehalt auch mehr Motivation zur Folge hat. Vielmehr kann ein als zu gering wahrgenommenes Gehalt Demotivation erzeugen. Die US-amerikanische Börsenaufsicht gibt vor, dass die Struktur der Management-Vergütung eines Unternehmens dann zielführend ist, wenn die Gehälter nicht unter dem 50. Perzentil der Vergleichsgruppe liegt (d. h. 50 % aller vergleichbarer Unternehmen zahlen weniger) und nicht über dem 75. Perzentil liegt (d. h. 25 % der vergleichbaren Unternehmen zahlen mehr). Eine als zu niedrig wahrgenommene Vergütung wird Demotivation erzeugen und sich damit negativ auf die Leistungsbereitschaft der Mitarbeiter auswirken. Eine im Marktvergleich zu hohe Vergütung verursacht unnötige Kosten und bringt kein mehr an Motivation. Zu hohe Vergütungen und Boni können vielmehr zu Dysfunktionalitäten führen und für das Unternehmen schädlich sein, weil sie die inhaltliche Motivation durch die Arbeit durch eine Fokussierung auf Belohnung ersetzen (Vgl. Sprenger 2010, S. 262 ff.). Die Mitarbeiter tun nicht mehr das, was in der Sache sinnvoll ist, sondern das was sie tun müssen, um eine maximale Vergütung zu erreichen (Vgl. Krings 2015, S. 91 ff.). Insofern bedeutet „angemessene Vergütung", dass der Mitarbeiter sie als gerecht für seine Tätigkeit empfinden muss. Bei tariflichen Tätigkeiten bedeutet dies, dass die richtige Eingruppierung entscheidend ist. Einem möglichen Einsparungspotenzial durch zu niedrige Eingruppierungen steht das Risiko eines Produktivitätsverlusts durch Demotivation entgegen. Bei Positionen, die nicht tariflich gebunden sind, ist die Orientierung am

Markt wichtig. Hierzu gehören zum einen die Art der Tätigkeit, aber auch die Region und die Branche. In Abhängigkeit zu diesen beiden Faktoren kann es zu erheblichen Gehaltsunterschieden für inhaltlich identische Stellen kommen. Insofern gehört der Prozess der Gehaltsfindung zur planerischen Vorbereitung einer Stellenbesetzung. Hierzu kann man entweder eigene Recherchen betreiben oder aber die Dienstleistungen von Vergütungsberatern nutzen, die mit Stellenbewertungen und Benchmarks arbeiten.

2.5.4 Nichtmaterielle Motivatoren

Sowohl Maslow als auch Herzberg arbeiten heraus, dass Motivation (im Gegensatz zur Abwesenheit von Demotivation) nur durch die Faktoren Anerkennung und persönliche Entwicklung entstehen kann. Maslow redet in diesem Zusammenhang von „Selbstverwirklichung" (Vgl. Maslow 2014 S. 73 f.). Hier liegt das Revolutionäre im Ansatz von Maslow und Herzberg. War man zuvor davon ausgegangen, dass der Mensch Leistung erbringt, wenn man ihn dafür bezahlt und die Leistung besser wird, wenn man mehr bezahlt, so Maslow und Herzberg ein positives Menschenbild (Vgl. Schirmer 2009, S. 31 ff.), das davon ausgeht, dass ein Mensch Freude an seiner Arbeit hat und leisten will, weil dies zur Selbstverwirklichung beiträgt. Ein negatives Menschenbild geht davon aus, dass der Mitarbeiter an Veränderung kein Interesse hat und erst durch Belohnung, Bedrohung oder Bestechung zu Leistung motiviert werden muss (Vgl. Sprenger 2010, S. 55). Maslow hingegen postuliert, dass der Mensch einen „gesunden Appetit auf Neues und Unbekanntes" hat (Maslow 2014, S. 87). Als Führungskraft kann man also durch demotivierendes Verhalten dazu beitragen, dass die grundsätzlich vorhandene Leistungsmotivation zerstört wird. Insofern ist der Schlüsselfaktor um leistungsfähige und –bereite Mitarbeiter zu haben, die inhaltliche Herausforderung der Aufgabe und die Möglichkeit, sich weiter zu entwickeln. Ein Mitarbeiter wird seine Arbeit also dann als motivierend empfinden, wenn er durch stetig steigende Anforderungen neue Leistungsgrenzen abrufen kann (Vgl. Csikszentmihalyi 2008, S. 143 ff.). Für die Auswahlentscheidung ist das eine wichtige Erkenntnis. Häufig erlebt man die Diskussion, ob ein Kandidat denn nicht überqualifiziert für eine Stelle ist. Faktisch ist das dann meistens eine Diskussion über Gehälter. Tatsächlich muss diese Diskussion inhaltlich jedoch geführt werden. Bietet die Position dem Kandidaten inhaltlich nichts Neues und nicht die Möglichkeit, Neues zu lernen und sich weiter zu entwickeln, so hat er keine intrinsische Motivation, die Stelle zu übernehmen, sondern ausschließlich eine materielle Motivation, sei es um ein Grundbedürfnis abzudecken (z. B. Arbeitslosigkeit) oder aber um möglichst viel Geld zu verdienen. Der Mitarbeiter erbringt Leistung nur, um eine möglichst hohe materielle Belohnung zu erhalten. Damit hat er an sich, kein eigenes Interesse, aus der Sache heraus eine hohe Leistung zu bringen. Der Reiz der Belohnung wird jedoch relativ schnell nachlassen und der Mitarbeiter wird gelangweilt und demotiviert sein. Ein demotivierter Mitarbeiter wird zum einen weniger Leistung bringen als ein motivierter. Damit ist er zu teuer. Zum anderen weiß man aus der modernen Forschung, dass Unterforderung auch für den Mitarbeiter

2.6 Medien

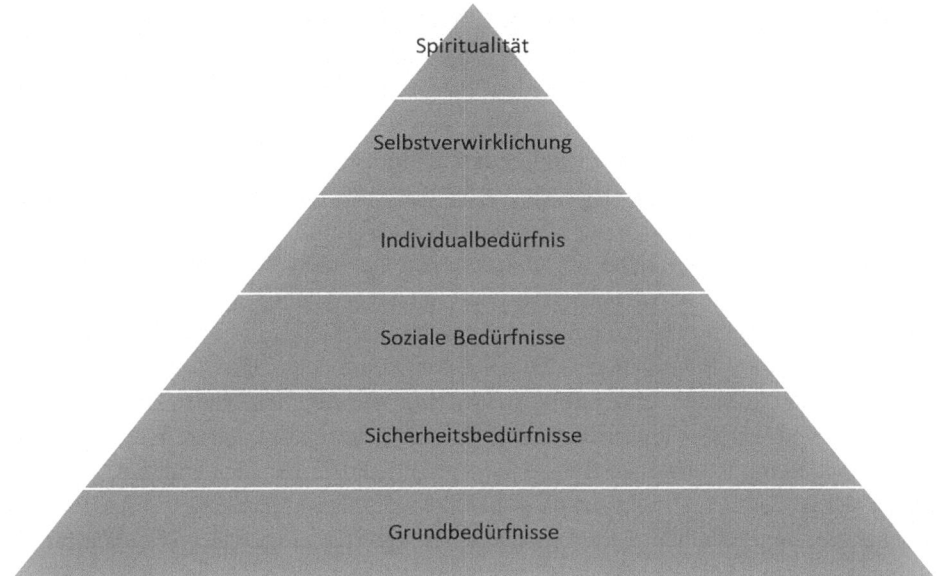

Abb. 2.2 Bedürfnispyramide nach Abraham Maslow

ähnlich destruktive Folgen hat wie Überforderung. Arbeitsleistung und Arbeitszufriedenheit stehen in einer direkten Verbindung. Folglich ist bei der Auswahl zu berücksichtigen, ob die zu besetzende Stelle inhaltlich eine Herausforderung ist. Daher zahlt es sich spätestens mittelfristig aus, dem Kandidaten den Vorzug zu geben, für den die Stelle eine inhaltliche Weiterentwicklung darstellt. Der Kandidat, für den die Stelle inhaltlich keine neue Herausforderung darstellt, ist zwar kurzfristig betrachtet das geringere Risiko für das Unternehmen, wird jedoch relativ schnell zu einem Problem. Insofern bedingt eine effektive Personalauswahl die Abwägung zwischen der möglichst genauen Passung auf die Anforderungen der Stelle und dem Delta zwischen der bisherigen Stelle des Bewerbers und der neuen Stelle. Als Faustregel sollte man sich fragen, ob die neue Position für die nächsten 5 Jahre für den Bewerber interessant sein kann. Hierbei ist natürlich auch zu berücksichtigen, ob die Stelle selber sich durch Veränderungen des Unternehmens verändern muss oder durch Job-Enrichment (höhere inhaltliche Anforderungen) oder Job-Enlargement (erweiterter Verantwortungsbereich) verändert werden kann, um der gesteigerten Leistungsfähigkeit des Mitarbeiters gerecht zu werden (vgl. Abb. 2.2).

2.6 Medien

Eine zentrale Bedeutung hat die konkrete Ansprachestrategie. Grundsätzlich spielen Printmedien zur Personalbeschaffung heuet eine eher untergeordnete Rolle. Man kann dies sehr deutlich am dramatisch geschrumpften Umfang der Samstagsausgaben vieler

Tagezeitungen feststellen. Eine gewisse Kontinuität ist bei regionalen Medien zu beobachten. Jedoch ist die überwiegende Zahl von Stellenangeboten heute online zu finden. Dies hat auch dazu geführt, dass die Kosten für anzeigengestützte Suchen enorm gesunken sind. Allerdings kann dies nun zur Folge haben, dass Anzeigen sehr wenig zielgerichtet geschaltet werden und man dadurch hohe Streuverluste hat, die man ja vermeiden möchte. Dennoch muss es das Ziel einer Suche sein, Anzeigen in den für die Zielgruppe relevanten Medien zu schalten und Streuverluste zu vermeiden. Neben den bekannten Jobbörsen gibt es zahlreiche oft auch internationale Jobbörsen, die auf bestimmte Berufe oder Branchen spezialisiert sind. Diese sind vor allem bei Fachpositionen sehr nützlich. Man kann auf diese Art gezielt die gewünschte Zielgruppe ansprechen und vermeidet unqualifizierte Bewerbungen, die bei der Nutzung der großen Jobbörsen häufiger eingehen, da der Aufwand, eine online-Bewerbung zu schreiben relativ gering ist. Auf der anderen Seite kann es natürlich auch sein, dass eine relativ kleine Nischenjobbörse auch in der Zielgruppe nicht den Bekanntheitsgrad hat, den man sich wünscht. Auch die Nutzung der größeren Jobbörsen ist nicht bei allen Berufsgruppen gleich verteilt. Daher sollte man vor dem Schalten einer Anzeige genau recherchieren, welche Medien für die Zielgruppe relevant sind.

Insofern sollte man, egal ob man den Weg über Printmedien oder online-Jobbörsen wählt, nachvollziehen können, aus welcher Quelle eine Bewerbung stammt. Daher empfiehlt es sich, Stellenanzeigen mit einer Kennziffer zu versehen, die es möglich macht, die Herkunft der Bewerbung nachzuvollziehen, um so die Mediaplanung zu optimieren.

2.7 Einsatz von Beratern

Der Einsatz von Personalberatern such Stellenbesetzung ist heute relativ weit verbreitet. In den letzten Jahren haben vor allem auch Unternehmen mit bis zu 500 Mitarbeitern immer wieder die Zusammenarbeit mit Beratern als Methode zur Besetzung vakanter Positionen gewählt. Die gezielte Suche mit einem externen Partner ist also keine Domäne großer Unternehmen (Vgl. Wegerich 2008). Im Wesentlichen kann man drei Arten der Dienstleistungen von Beratern unterscheiden: zum einen die anzeigengestützte Suche, die Suche mit Datenbanken und die Direktansprache. Grundsätzlich darf man nicht den Fehler machen zu denken, dass der Einsatz eines Beraters bei der planerischen Vorbereitung eine wesentliche Entlastung darstellt. Die Dienstleistung des Beraters ist so gut wie die Betreuung, die dieser durch den Kunden erhält. Da der Berater das Unternehmen in der Regel nicht oder nur bedingt kennt, ist es bei jeder Form der Beratung wichtig, dass der Berater möglichst detaillierte Informationen über die Stelle oder das Unternehmen erhält. Dabei ist er auf die enge Zusammenarbeit mit den Suchenden angewiesen. Jede Form der Beratung birgt das Risiko in sich, dass der Externe auf Grund mangelnder Kenntnis des Unternehmens Fehler macht. Viele Berater stehen aus verschiedenen Gründen seit einigen Jahren unter enormem

Kostendruck, was dazu führt, dass häufig bei den Back-Office Kapazitäten gespart wird. Die Qualität der Abwicklung ist auch bei großen Namen in der Branche nicht immer garantiert. Daher empfiehlt es sich bei einem Erstgespräch nachzufragen, wie die Kapazitäten für die Abwicklung aussehen, ob alle Dienstleistungen vom Berater selbst erbracht oder an Subunternehmer ausgelagert werden und wer die Aufgaben im Haus erledigt und ob diese Person auch tatsächlich über die notwendigen Qualifikationen verfügt.

Bei der anzeigengestützten Suche formuliert der Berater den Text der Anzeige und schaltet diese für den Klienten. Dies macht vor allem dann Sinn, wenn man nicht möchte, dass bekannt wird, wer die Stelle zu besetzen hat. In der Regel übernimmt der Berater auch die Vorauswahl nach Aktenlage und häufig auch die Erstgespräche und präsentiert dem Klienten dann eine Auswahl geeigneter Kandidaten. Die Kosten hierfür variieren. In der Summe ist diese Variante dann sinnvoll, wenn man selbst wenige Kapazitäten für den Auswahlprozess hat und eine Entlastung benötigt. Inwiefern die Einschaltung eines Beraters auch einen qualitativen Zuwachs bringt, ist schwer zu beantworten. So hat eine Untersuchung von Stellenanzeigen zur Suche eines „HR Business Partners" z. B. gezeigt, dass keiner der suchenden Berater das Konzept tatsächlich verstanden hatte (Vgl. Krings 2015, S. 37). Auch das Negativbeispiel für eine Stellenanzeige in diesem Kapitel stammt von einem Berater. Die Anzeige kann weder inhaltlich noch von ihrer sprachlichen und grafischen Gestaltung her überzeugen. Die sperrige Prosa ist in diesem Fall sicher der Stil des Hauses, aber die ungenauen Anforderungen sind einfach wenig tauglich für die Suche. Insofern sollte auch bei der anzeigengestützten Suche eine genaue Prüfung durchgeführt werden, welche Erfahrung der Berater mit Branche und Position hat. Man sollte sich auch Beispiele früherer Anzeigen des Beraters anschauen, um die die Qualität zu prüfen und ob der Stil zur suchenden Firma passt (Vgl. Müller-Albrecht 2008).

Das klassische Aufgabenfeld des Personalberaters ist die sogenannte Direktansprache. Im Gegensatz zur anzeigengestützten Suche versucht man in diesem Fall nicht, Personen anzusprechen, die aktiv auf dem Arbeitsmarkt unterwegs sind. Vielmehr geht es darum, geeignete Kandidaten zu identifizieren und durch gezielt und persönliche Ansprache zu einem Wechsel zu motivieren. Rein rechtlich betrachtet handelt es sich dabei nicht um eine Arbeitsvermittlung, sondern nur um eine Beratung bei der Auswahl. Das bedeutet, dass in der Regel auch nur ein relativ geringer Teil des Honorars erfolgsabhängig sein darf. Das heißt natürlich, dass ein großer Teil des Risikos beim Kunden verbleibt, gibt dem Berater aber auch die Möglichkeit nicht unter Zeitdruck agieren zu müssen. Üblich sind 33 % des Bruttojahresgehalts zuzüglich einer Aufwandspauschale. Allerdings arbeiten einige Berater auch mit einem Fixhonorar, um den Interessenkonflikt zu vermeiden, dass ein teurer Kandidat auch ein höheres Honorar für den Berater bedeutet. Auch bei dieser Form der Suche ist es unerlässlich, dass das suchende Unternehmen ein detailliertes Stellenprofil vorgibt. Gemeinsam mit dem Berater erstellt man dann eine Liste von Zielfirmen, in denen der Berater sucht. An dieser Stelle ist auch abzuklären, ob es Firmen gibt, die nicht in Frage kommen und wie es sich bei Konzernstrukturen mit Firmen aus diesem Verbund verhält. Hat man diese Liste erstellt, setzt der Berater einen sogenannten Researcher ein, der in der Regel durch Telefonate den relevanten Kandidaten identifiziert. Bereits an dieser Stelle kann der Berater einen echten Mehrwert bieten, da aus diesen Erstkontakten häufig wichtige Informationen über die Strukturen von Mitbewerbern generiert werden können. Daher empfiehlt es sich, mit dem Berater zu vereinbaren, dass diese Ergebnisse dokumentiert und dem Klienten zugänglich gemacht werden. Man redet hier auch vom Erstellen der Long List. In einem zweiten Schritt werden diese Kandidaten dann vom Berater oder Researcher angesprochen. Auch hier handelt es sich in der Regel um ein mehrstufiges Auswahlverfahren, d. h. zunächst werden die eingegangenen Unterlagen analysiert und dann werden Erstgespräche geführt. Auf Basis dieser Erstgespräche wird dann die sogenannte Short List der geeigneten Kandidaten besprochen. In der Regel gibt der Berater dann auch ein Feedback dazu, wie die Stelle wahrgenommen wird und ob die Vergütung marktgerecht ist. Meistens ist das Honorar in drei Stufen aufgeteilt, so dass nach Präsentation der Long und Short List dann noch eine Tranche offen ist. Berater und Klient einigen sich dann meistens auf die drei interessantesten Kandidaten, die dann zum Gespräch eingeladen werden. Da es sich in der Regel um Mitarbeiter von Wettbewerbern handelt, sind auch diese Gespräche eine wichtige Informationsquelle.

Die Direktansprache ist allerdings ein Instrument, das nur zur Rekrutierung von relativ hoch bezahlten Fach- und Führungskräften sinnvoll eingesetzt werden kann. Dafür gibt es zwei Gründe: zum einen ist der Aufwand, der mit einer solchen Suche verbunden ist, sehr hoch und Berater veranschlagen relativ hohe Mindesthonorare, so dass man deutlich über den marktüblichen 33 % liegt. Zum anderen zeigt die Praxis aber auch, dass andere Zielgruppen sich mit dem Instrument schwer tun und häufig verunsichert oder irritiert auf eine solche Ansprache reagieren. Zu beachten ist, dass eine solche Ansprache nur als Exklusivsuche durchgeführt werden soll, da es ansonsten zu Doppelansprachen kommt und kein strukturierter Suchprozess stattfindet. Ein seriöser Berater wird sich auf keine andere Form der Suche einlassen.

Gab es früher auch auf Grund der nicht ganz eindeutigen Rechtslage eine überschaubare Zahl von Personalberatern, so ist die Zahl in den letzten Jahren enorm in die Höhe gegangen. Das liegt sicherlich auch daran, dass viele ehemalige Personaler sich im Bereich Beratung und Training selbstständig gemacht haben. Hinzu kommt, dass viele der großen Personalberatungen auf Grund des Kostendrucks viel Personal abgebaut haben und ehemalige Mitarbeiter sich selbstständig gemacht haben. In den meisten Fällen hat dies zur Folge, dass es sich um Kleinstunternehmen handelt, die nicht über die Ressourcen verfügen, eine strukturierte Suche abzuwickeln. Daher haben sich in den letzten Jahren auch vermehrt andere Formen der Personalberatung etabliert. Dies muss nicht unbedingt eine unseriöse Form der Personalberatung sein. Zum einen gibt es Berater, die mit einem Auftrag des Kunden Kandidaten suchen. Diese werden in der Regel aus Datenbänken oder dem eigenen Netzwerk generiert. Auf diese Art und Weise kann man natürlich keine systematische Recherche im Markt durchführen. Wurden die Lebensläufe auf seriöse Art und Weise generiert, so kann dies durchaus eine sinnvolle Methode sein, eine Stelle zu besetzen, besonders wenn man unter Zeitdruck steht. Hierbei handelt es sich nicht um Exklusivaufträge, so dass man auch mit mehreren Beratern parallel arbeiten kann. Allerdings muss man hier genau auf das Kosten-/Leistungsverhältnis achten. Einige Berater versuchen die gleichen Honorarsätze durchzusetzen wie bei einer Direktansprache, was dem geringeren Aufwand auf keinen Fall angemessen ist. Allerdings gibt es auch eine nicht zu unterschätzende Zahl von Beratern, die Lebensläufe nicht auf seriöse Art und Weise generieren, indem sie z. B. Anzeigen für nicht existent Stellen schalten, vorgeben einen Suchauftrag zu haben oder ihnen Unbekannte über Business-Netzwerke wie Xing und Linkedin anschreiben. Das kann dann im schlimmsten Fall mit dem zweiten Typus dieses Beraters zusammentreffen, nämlich dem, der keinen Auftrag vom Kunden hat und auf Stellenanzeigen reagiert. Auch das muss zunächst nicht unseriös sein, wenn die Vertraulichkeit der Kandidaten gewahrt bleibt und der Berater mehr leistet als mit Lebensläufen hausieren zu gehen. Grundsätzlich können diese Formen der Suche eine sinnvolle Ergänzung im Personalbeschaffungsprozess sein, aber man läuft unter Umständen auch Gefahr, mit dem unseriösen Ende des Marktes zu arbeiten, was das Image des Unternehmens beschädigen kann und auch rechtliche Konsequenzen nach sich ziehen kann, wenn der Datenschutz verletzt wird.

Ein Wort der Warnung sei an dieser Stelle angebracht. Es gibt eine Dienstleistung, die man als „Outplacement" bezeichnet. Dabei geht es darum, dass ein externer Berater mit dem gekündigten Mitarbeiter die Gründe für das Scheitern in dieser Position aufarbeitet und den Prozess der Neuorientierung begleitet. Es handelt sich dabei um eine reine Prozessbegleitung, nicht um die Vermittlung einer Arbeitsstelle. Es gibt Berater, die sowohl Suchen als auch Outplacement anbieten. Bei einem seriösen Berater werden diese beiden Bereiche immer klar voneinander getrennt sein und Outplacement-Mandate fließen nicht in die Suche ein. Man muss auch unbedingt darauf achten, dass beim Mitarbeiter nicht der Eindruck entsteht, dass Outplacement eine Vermittlung ist, nur weil sie auch von einem Personalberater durchgeführt werden kann. Gerade im Trennungsprozess ist es äußerst gefährlich, falsche Erwartungen zu wecken.

Es gibt gute Gründe, die für die eine oder andere Form der Zusammenarbeit mit einem Berater sprechen. Das können Kapazitätsengpässe sein, zu geringer Bekanntheitsgrad des suchenden Unternehmens, wahrgenommene Unattraktivität des Arbeitgebers oder aber einfach ein Zugewinn an Professionalität, wenn es derart spezialisierte Funktionen der Personalarbeit im Unternehmen nicht gibt. Auf jeden Fall muss man sich darüber im Klaren sein, dass der Erfolg oder Misserfolg einer solchen Suche damit zusammenhängt, wie gut der Berater gebrieft und im Prozess betreut wurde (vgl. Abb. 2.3).

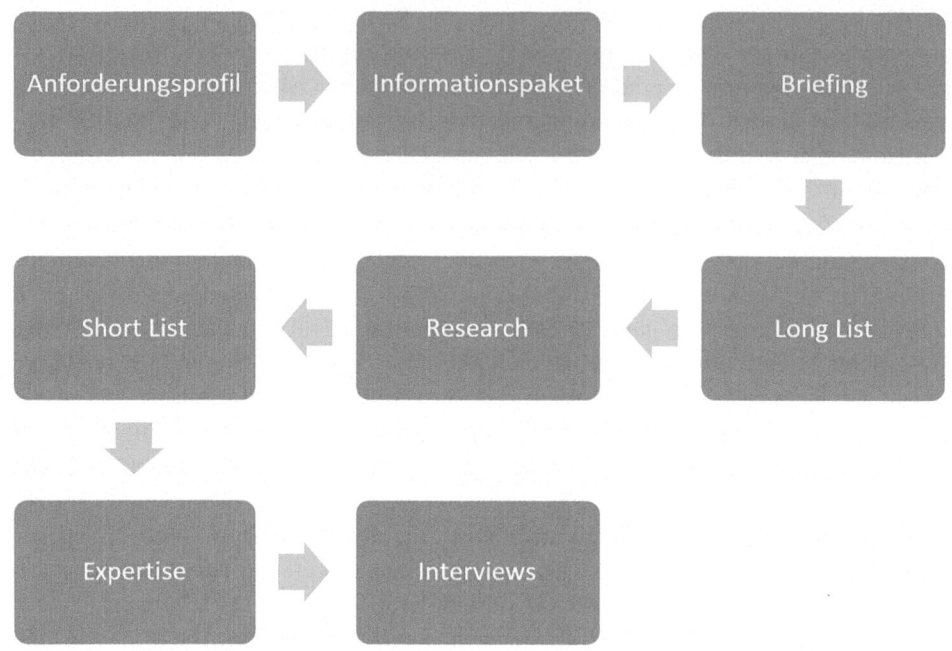

Abb. 2.3 Personalberatungsprozess

Literatur

Blumenstock, H. (1994). *Personalmarketing in kleinen und mittleren Unternehmen.* Wiesbaden: Gabler.
Csikszentmihalyi, M. (2008). *Flow.* New York: HarperCollins.
Esch, F. *AIDCAS Formel.* http://wirtschaftslexikon.gabler.de/Archiv/81836/aidcas-formel-v6.html, Abgerufen: 20. Aug., 11.34.
Krings, T. (2015). *Erfolgsfaktoren strategischen Personalmanagements.* Wiesbaden: Springer Gabler.
Maslow, A. (2014). *Motivation und Persönlichkeit.* Reinbek: Rowohlt.
Müller-Albrecht, R. (2008). Der Gesamtmarkt- Player, Konzepte und Erfolgsstrategien in der professionellen Personalbeartung. In: S. Füchtner & T. Wegerich (Hrsg.), *Das Handbuch der Personalberatung* (S. 24 ff.). Frankfurt: FAZ.
Redler, J. (2012). *Grundzüge des Marketings.* Berlin: BWV.
Schaub, G., & Koch, U. (2014). *Arbeitsrecht von A-Z.* München: DTV.
Schirmer, U., Volker, W., & Woydt, S. (2009). *Mitarbeiterführung.* Heidelberg: Physica.
Sprenger, R. (2010). *Mythos Motivation.* Frankfurt a.M.: Campus.
Wegerich, C. (2008). Unternehmensbefragung: Die Zusammenarbeit mit Personalberatungen. In: S. Füchtner & T. Wegerich (Hrsg.), *Das Handbuch der Personalberatung* (S. 277 ff.). Frankfurt: FAZ.

Persönlichkeit versus Kompetenzen 3

> **Zusammenfassung**
>
> Es gibt keinen wissenschaftlich nachgewiesenen Zusammenhang zwischen Persönlichkeit und beruflicher Eignung. Daher sind viele der häufig eingesetzten „psychologischen" Methoden für die Personalauswahl eigentlich gar nicht geeignet. Untersuchungen zeigen, dass Menschen über bestimmte erlernbare Kompetenzen verfügen müssen, um in einem Beruf erfolgreich zu sein. So ist ein Kompetenzmodell ein entscheidender Erfolgsfaktor für professionelle Personalauswahl, weil es ermöglicht, mittels Operationalisierungen auch sogenannte „weiche" Faktoren beschreibbar zu machen. Wichtig ist hierbei, zu berücksichtigen, dass es keine allgemeingültigen Aussagen gibt, sondern dass es jeweils von Stelle, Firma und Kontext abhängig ist, welche Kompetenzen, einen Mitarbeiter erfolgreich machen. Da das Auswahlgespräch die Visitenkarte des Unternehmens ist und heute negative Erfahrungen auch sehr schnell flächendeckend über soziale Medien verbreitet werden und so dem Arbeitgeberimage nachhaltigen Schaden zufügen können, ist auf eine professionelle Planung und Durchführung des Interviews zu achten.

3.1 Persönlichkeitsmodelle

Wie bereits erwähnt, geht es bei der Personalauswahl „nur" um die Frage, ob jemand eine Stelle ausfüllen kann oder nicht. Auf der Ebene von Kenntnissen, Fähigkeiten und Fertigkeiten ist es relativ einfach, zu klaren Aussagen zu kommen, wenn man das Soll klar definiert und operationalisiert hat und über valide und reliable Messmethoden verfügt. Wesentlich schwieriger gestaltet sich das jedoch bei den sogenannten „weichen" Faktoren. In Auswahlverfahren beginnt dies häufig bereits damit, dass Auswählende diese Anforderungen gar nicht in Worte fassen können oder wollen. Was nicht klar beschrieben ist, kann natürlich nicht abgeprüft werden. Daher kommt es häufig dazu, dass diffuse Unmutsbekundungen und spontane Bauchentscheidungen an die Stelle einer abgewogenen rationalen Entscheidung treten.

An dieser Stelle wird dann oft mit der Dimension „Persönlichkeit" gearbeitet. Tatsächlich versuchen insbesondere Hobbypsychologen gern, durch Fragen, die in den Privatbereich der Bewerber eindringen, Persönlichkeitsmerkmale zu ergründen und darauf auf berufliche Eignung zu schließen. Dabei kann es sich um Fragen zum Verhalten im privaten Umfeld handeln oder aber auch vollkommen absurde Fragen wie welche Farbe oder welches Tier man gern wäre. Schließlich gibt es auch eine ganze Industrie, die davon lebt Testverfahren zu verkaufen, die Aussagen über die Persönlichkeit des Bewerbers treffen sollen. Hierbei werden Testverfahren angewandt, die der psychologischen Grundlagenforschung entstammen, aber auch Instrumente wie Grafologie (Schriftgutachten), Physiognomik (Körperdeutung), Astrologie[1], Namenspsychologie, Farbdeutung, Körpersprache, Enneagramme (Esoterisch-mystisches Persönlichkeitsmodell) etc. (Vgl. Kanning 2009). Letzt genannte Instrumente sind wissenschaftlich nicht haltbar und zwar schon deshalb nicht, weil es ungeachtet der Validität und Reliabilität der eingesetzten Instrumente keinen nachgewiesenen Zusammenhang zwischen „Persönlichkeit" und beruflicher Eignung gibt.

Die Persönlichkeitstheorie ist eines der ältesten Forschungsfelder der Psychologie. Tatsächlich geht der Versuch, Menschen in Typen einzuteilen und zu standarisieren in vorwissenschaftliche Zeit zurück. So sind z. B. Horoskope ein früher Versuch einer solchen Typologisierung. Hier zeigt sich dann auch schon ein grundlegendes Problem: letztlich geht es darum, die Welt zu vereinfachen und Menschen in bestimmte Schubladen zu stecken. Das vereinfacht Situationen oberflächlich, wird aber der tatsächlichen Komplexität menschlicher Interaktion nicht gerecht. Man versuchte, über solche Typen, Konflikte zu erklären oder aber einfache Lösungen für komplexe Fragestellungen zu finden. Allerdings liegt das Problem bereits darin, dass es gar keine einheitliche Definition des Begriffs Persönlichkeit gibt. So stellt Allport bereits in den 50er Jahren 50 unterschiedliche Definitionen vor (Vgl. Allport 1959, S. 49). Insofern stellt sich die Frage, was man denn nun eigentlich vermessen will und wie die jeweilige Definition von Persönlichkeit mit beruflicher Eignung zusammenhängen könnte. .

Viele Konstrukte gehen auf die Persönlichkeitstheorie von C.G. Jung zurück, der Menschen nach Persönlichkeitstypen kategorisiert. Er verwendet hierbei die Dimensionen Introversion und Extraversion (Vgl. Wildemann 2000, S. 71). Darin zeigt sich auch das grundsätzliche Problem, das große Teil der Forschung schlicht und ergreifend veraltet sind. Man muss auch festhalten, dass die Grundlagen, auf denen diese Theorien beruhen, letztlich nicht mit einem modernen Wissenschaftsverständnis wie es z. B. Karl Popper vertritt, vereinbar sind. Methodisch ist vieles aus heutiger Sicht fragwürdig und

---

[1]Tatsächlich findet sich auf dem Wikipedia-Eintrag für den umstrittenen DISG Test eine Gegenüberstellung der DISG Profile mit Charakteristika von Sternzeichen, die erstaunliche Parallelen aufweisen.

3.1 Persönlichkeitsmodelle

Psychologen wie C.G. Jung oder Wilhelm Reich hatten einen ausgeprägten Hang zur Esoterik und begriffen auch diese als Wissenschaft.

Auch Konstrukte wie Charakter sind nicht einsetzbar, um Aussagen über berufliche Eignung zu treffen. Als konkretes Beispiel kann man den Fußballtrainer Thomas Tuchel nehmen. Er hatte seinen Vertrag bei Mainz 05 vorzeitig verlängert und ihn dann für den Verein unerwartet kurzfristig gekündigt mit der Absicht vor Vertragsende auszusteigen. Es ist anzunehmen, dass er zu diesem Zeitpunkt ein attraktiveres Angebot hatte. Mainz 05 hat ihn wegen dieses ethisch sicher sehr fragwürdigen Verhaltens nicht vorzeitig aus dem Vertrag entlassen. Als Trainer von Borussia Dortmund war Tuchel dennoch äußerst erfolgreich und konnte den schwächelnden Verein wieder auf die vordersten Plätze der ersten Bundesliga führen. Da also der Begriff „Persönlichkeit" in hohem Maße kontextabhängig ist, kann auch kein Rückschluss aus dem privaten Bereich auf berufliche Eignung geschlossen werden. Insofern ist es also ungeachtet der verwendeten Methode letztlich irrelevant, die Frage der Persönlichkeit in die Eignungsdiagnostik einzubinden. Auch wenn Wildemann den Anspruch erhebt, dass „die individuellen Unterschiede und ihre merkmalhaften Ausprägungen (…) nicht nur beobachtet, festgehalten und verstanden werden, sondern in ihren Entstehungsbedingungen erklärbar sein" sollen (Wildemann 2000, S. 45), so ist dies für die Personalauswahl eine vollkommen irrelevante Fragestellung, ja sogar eine Grenzüberschreitung, weil hier ein Vordringen in einen höchst persönlichen Bereich stattfindet.

Gordon Allport warnt ausdrücklich vor der Typologie von Persönlichkeiten, weil dies dem Menschen einfach nicht gerecht werde. Er fordert immer wieder eine Einzelfallbetrachtung ein. Damit wendet er sich ausdrücklich gegen die vielen Vereinfacher, die sich im Bereich der Persönlichkeitsforschung tummeln. Allport versteht Persönlichkeit vor allem als etwas Zukunftsgerichtetes. Die Summe unserer Werte gibt uns vor, wohin wir wollen (Vgl. Allport 1974, S. 71 ff.). Die Struktur der Persönlichkeit ist für ihn ein „übergeordnetes Motivationssystem" (Allport 1974, S. 74). Wie ein solches individuelles Motivationssystem aussieht, ist sicherlich eine Frage, die für den beruflichen Erfolg relevant ist und entscheidet vor allem darüber, welche Stelle ein Kandidat interessant findet. Daher ist die in Auswahlgesprächen sehr beliebte Frage, wo der Kandidat sich denn in 5 oder 10 Jahren sieht relativ sinnlos. Sie hinterfragt grundsätzliche Motivationsstrukturen des Kandidaten. Für die Entscheidung bei der Besetzung einer konkreten Stelle spielt dies keine Rolle. Relevant ist nur die Frage, welche Motivation der Bewerber hat, sich für genau diese Stelle zu bewerben. Es geht nicht darum, eine Persönlichkeit zu bewerten, sondern darum eine Stelle passend zu besetzen.

Aber die neue Forschung geht auch davon aus, dass es eben nicht die Persönlichkeit allein ist, die über Erfolg oder Nichterfolg entscheidet, sondern der Kontext in dem sie eingesetzt wird und wie viel Verhaltensflexibilität derjenige hat. Der britische Politiker Winston Churchill gilt vielen als Prototyp des charismatischen Politikers. Durch sein Charisma und seinen unbedingten Willen zum Sieg konnte er Großbritannien zum Widerstand gegen die deutsche Eroberungsmaschinerie motivieren und hatte einen maßgeblichen Anteil daran, dass die USA Großbritannien mit Waffen unterstützt hat als sie noch gar nicht in den Krieg involviert waren. Man kann sicher feststellen, dass der Ausgang des zweiten Weltkriegs maßgeblich mit dem Führungsverhalten von Winston Churchill zusammenhängt. Zwischen 1930 und seiner Ernennung zum Premierminister 1940 war Churchill jedoch politisch gescheitert, ohne Amt und weitestgehend politisch isoliert. Die meisten hatten ihn politisch abgeschrieben. Die gleichen Eigenschaften, die ihn im Krieg so erfolgreich machten, nämlich seine Skrupellosigkeit, sein polterndes Auftreten und die Entschlossenheit, die man in normalen Zeiten als Sturheit bezeichnen würde, waren die Ursache für seinen Sturz. Sein kompromissloses und polarisierendes Auftreten trugen dann aber auch in erheblichem Maße dazu bei, dass 1945 Clement Attlee zum Premier gewählt wurde und Labour die nächste Regierung stellte. War Churchill nun also eine gute Führungskraft oder nicht? In den meisten Testverfahren hätte man ihm wahrscheinlich eine Persönlichkeit attestiert, die für Führungsaufgaben vollkommen ungeeignet ist. Würde man Churchill durch ein Personalauswahlverfahren schicken, könnte man in Bezug auf seine Eignung nur festhalten, dass er ein sehr polarisierendes Verhalten an den Tag legt und eine geringe Flexibilität hat. Nur vor dem Hintergrund einer konkreten Stelle könnte man dann entscheiden, ob er geeignet ist oder nicht. Ein anderes Beispiel ist der Dichter und Literaturnobelpreisträger T.S. Eliot, der ohne Zweifel eine äußerst kreative Persönlichkeit war. Da er lange Zeit nicht von seiner Schriftstellerei leben konnte, arbeitete er von 1917–1925 bei der Lloyds Bank und leitete dort erfolgreich das Devisengeschäft. So könnte man sicher zahlreiche Beispiele finden, die widerlegen, dass Persönlichkeit einfach mess- oder beschreibbar ist und etwas über berufliche Eignung aussagt.

Auch das ist ein entscheidender Faktor: die stark vereinfachende Persönlichkeitstypologisierung geht von der Unveränderbarkeit der Persönlichkeit aus. Tatsache ist, dass wir jedoch keine belastbaren Informationen dazu haben, was der Mensch tatsächlich lernen kann und was nicht. Sicherlich hat jeder Mensch seine Talente und jeder wird sich leichter tun, sich dort weiterzuentwickeln wo seine Stärken liegen als dort, wo seine Schwächen liegen. Allerdings ist die Dimension „Persönlichkeit", wie auch immer man sie definieren will, wenig tauglich, um solche Profile zu erstellen.

3.2 Testverfahren zur Messung von Persönlichkeitsmerkmalen

Es gibt zahlreiche Testverfahren zur Messung von Persönlichkeitseigenschaften. Einige davon sind schlicht und ergreifend unseriös, da sie nicht aus der psychologischen Grundlagenforschung stammen. Viele der heute noch eingesetzten Testverfahren wie z. B. der DISG Test (1928) oder der Myers-Briggs-Type-Indicator (1944) sind auch sehr alt und vom Forschungsstand schon längst überholt. Selbst Testverfahren, die als seriös gelten, wie z. B. diejenigen, die auf der Big Five Systematik beruhen, wirft man vor, dass die dahinterliegenden Konstrukte willkürlich und nicht empirisch überprüfbar sind. Betrachtet man statistische Auswertungen, so zeigt sich, dass der Einsatz von Testverfahren nicht valide ist (Vgl. Montel 2013, S. 774) und somit keine Prognosekraft hat. Testbefürworter argumentieren in der Regel damit, dass die Validität steigt, wenn man ein Testverfahren mit anderen Instrumenten koppelt. Unbeantwortet bleibt jedoch die Frage, ob der Einsatz eines Testverfahrens die Validität eines Auswahlverfahrens als Ganzes steigert. Hinzu kommt, dass solche Testverfahren in der Regel kein objektives Bild darstellen, sondern nur das Selbstbild des Teilnehmers. Insofern kann der Einsatz eines Testverfahrens dann Sinn machen, wenn man es zum Abgleich mit den eigenen Beobachtungen verwendet, denn im besten Fall erhalte ich eine Antwort auf die Frage, wie ehrlich jemand mit sich selber ist. Außerdem besteht bei Testverfahren immer das Risiko, das Teilnehmer vermeintlich sozial erwünschte Antworten geben und nicht ehrlich antworten. Es gibt durchaus weitere Möglichkeiten Tests einzusetzen (wenn sie eine seriöse wissenschaftliche Grundlage haben), aber nur in Verbindung mit anderen Instrumenten (Vgl. Kanning et al. 2008, S. 38). Der Aufwand, den man betreiben muss, um Testverfahren wirklich sinnvoll einzusetzen, ist jedoch so hoch, dass es fraglich ist, ob es wirtschaftlich ist. Man kann z. B. solche Testverfahren nutzen, um durch die Ergebnisse leistungsstarker Mitarbeiter Soll-Profile zu erstellen. Dies müsste jedoch eine Gruppe sein, die groß genug ist, um statistisch ausgewertet zu werden. Man müsste dann allerdings das gleiche mit einer Kontrollgruppe leistungsschwacher Mitarbeiter tun. Dieser Aufwand würde sich nur dann rechnen, wenn man tatsächlich extrem große Mengen von Bewerbungen hat und auf diese Art und Weise den Aufwand für die Vorauswahl minimieren kann.

Es gibt zwar eine DIN ISO Norm (33430) zur Durchführung von Testverfahren, doch wird zurzeit keine Zertifizierung nach dieser Norm angeboten. Ein seriöses Testverfahren kann man jedoch auch daran erkennen, dass es aus der psychologischen Grundlagenforschung kommt. Dies kann man beurteilen, in dem man sich die wissenschaftliche Dokumentation betrachtet. Gibt es keine, so handelt es sich nicht um ein seriöses Testverfahren. Wichtig ist auch, darauf zu achten, dass die Validierung in jedem Kulturkreis bzw. Land erneut durchgeführt wurde. Gerade viele in den USA entwickelten Tests wurden nur auf Basis der demografischen Zusammensetzung der USA validiert.

Ein seriöses Testverfahren ist auch daran zu erkennen, dass es eine Feedbackmöglichkeit für den Teilnehmer bietet und das Verhältnis zwischen Bearbeitungszeit und schriftlicher Auswertung realistisch ist. Man sollte auch sehr vorsichtig sein, welche Quellen man nutzt, um zu recherchieren. So wird in populärwissenschaftlichen „Fachzeitschriften" z. B. der Insights -Test häufig positiv beschrieben, vom Berufsverband der Psychologen jedoch als bar jeglicher wissenschaftlicher Grundlage bezeichnet.

3.3 Kompetenzen

Rüdiger Hossiep, Professor an der Rhein-Ruhr Universität in Bochum und Experte für Testverfahren, stellt dennoch fest, dass „der Persönlichkeit eine hohe Bedeutung für die Eignung und Leistung im beruflichen Bereich" zukommt (Hossiep 2013, S. 593). Dennoch muss auch er einräumen, dass statistische Auswertungen das nicht wirklich belegen und dass „sich erfolgreiche Manager sehr wohl unterscheiden" (Hossiep 2013, S. 593).

So hat auch der US-amerikanische Autor Jim Collins in allen seinen Untersuchungen immer wieder herausgearbeitet, dass es bei erfolgreichen Führungskräften keine einheitlichen Persönlichkeitseigenschaften gibt. Was Collins jedoch herausgearbeitet hat ist, dass alle nachhaltig erfolgreichen Führungskräfte ungeachtet ihrer Persönlichkeit Verhaltensweisen an den Tag gelegt haben, die in der Tat Gemeinsamkeiten aufweisen. Collins redet hier von „Level Five Leadership" (Vgl. Collins 2011, S. 33 ff.). Das Verhalten eines Menschen ist also unabhängig von fixen Persönlichkeitsmerkmalen zu sehen, sondern entscheidet sich aus dem jeweiligen Kontext heraus. Insofern geht man heute eher davon aus, dass ein Mitarbeiter bestimmte Kompetenzen benötigt, um eine Stelle ausfüllen zu können. Der Unterschied zwischen dem Persönlichkeits- und dem Kompetenzbegriff liegt darin, dass Kompetenzen bewusst erworben und verändert werden können. Kompetenzen beschränken sich nicht auf den Bereich des Wissens, sondern beinhalten auch die sogenannten „weichen Faktoren". Es geht also nicht um die Frage, wie ein Mensch ist, sondern wie er sich in bestimmten Situationen verhält. Also geht es bei Personalentscheidungen im Wesentlichen darum, dieses Verhalten sichtbar oder beschreibbar zu machen. Hierbei muss man jedoch beachten, dass es keine allgemeingültigen Modelle gibt.

Ein Kompetenzmodell (vgl. Abb. 3.1) beschreibt Fähigkeiten, Fertigkeiten, Wissen und Verhaltensweisen, die einen Mitarbeiter in einem konkreten Kontext erfolgreich machen. Häufig sind dies leider nur Wunschbilder sozial erwünschter Eigenschaften, die an der Unternehmensrealität vorbeigehen. Sie können auch nur dann hilfreich sein, wenn sie empirisch erarbeitet werden. Hierzu muss man den Unternehmenskontext beachten. Wenn man z. B. eine Kompetenz wie Führungsfähigkeit nimmt, dann wird dieser Begriff in einem stark dezentral aufgestellten Unternehmen wie Media Markt etwas anderes bedeuten als in einem straff organisierten Discounter wie Aldi. Es gibt dabei kein Richtig oder Falsch, sondern nur kontextabhängige Anforderungen. Hierbei müssen die Stellen- und Unternehmensziele berücksichtigt werden und Methoden der Arbeitsanalyse angewandt werden. Wichtig ist auch, dass diese für die jeweilige Position gewichtet werden, da sonst eben unrealistische Anforderungen definiert werden. Man muss hierbei nicht zwangsläufig das Rad neu erfinden, sondern kann auf bestehende Modelle als Bezugsrahmen zurückgreifen. So hatte die Baumarktkette Praktiker in der Zeit ihrer Zugehörigkeit zur Metro Gruppe das Kompetenzmodell des Mutter-Konzerns übernommen, dies dann jedoch mit Operationalisierungen befüllt, die auf die Bedürfnisse Praktikers abgestimmt waren. Im Folgenden findet sich die Praktiker-spezifische Definition von sozialer Kompetenz. Diese wurde um den Themenbereich Erscheinungsbild erweitert, da sich bei der Auswahl zu Förderprogrammen im Vertrieb genau dies immer wieder als Problem erwiesen hatte.

Soziale Kompetenz

„Der Teilnehmer findet Kontakt zu und Akzeptanz von seinen Gesprächspartnern. Er findet seine Rolle in einer Gruppe, so dass auch anderen ein angemessener Entfaltungsspielraum bleibt. Er kann Inhalte sprachlich gewandt auf der Ebene des jeweiligen Gesprächspartners darstellen und ist in der Lage auch andere Kanäle zur

3.3 Kompetenzen

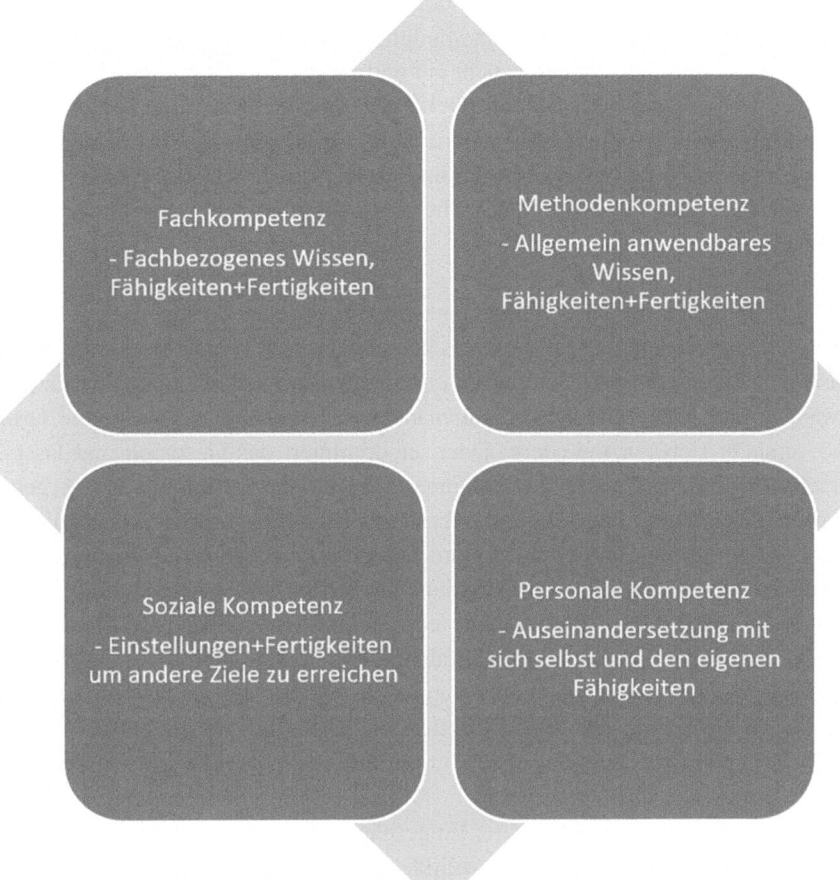

Abb. 3.1 Allgemeines Kompetenzmodell

Kommunikation (z. B. Visualisierung) zu benutzen. Er erreicht in strittigen Fragen einvernehmliche Lösungen."

Operationalisierungen

0

Nicht beobachtbar.

1

Der Teilnehmer ist ungepflegt (Haare, Fingernägel, Kleidung) oder tritt unpassend auf (z. B. Freizeitkleidung, übermäßig viel Schmuck), hält keinen Blickkontakt, spricht undeutlich. Der Teilnehmer verhält sich innerhalb einer neuen Situation, bzw. in einem neuen Umfeld eher passiv. Er ist nicht in der Lage sich in eine unbekannte Gruppe einzugliedern. Er zeigt sogar die Tendenz gegen die Gruppe zu agieren. Die

Ausführungen sind schwer verständlich oder einsilbig. Der sprachliche Ausdruck ist undeutlich oder zu komplex (z. B. Verwendung von Fremdwörtern). Er geht auf die Standpunkte und Aussagen anderer nicht ein und zeigt keine Empathie oder kein Interesse dafür. Kritik wird externalisiert. Der Teilnehmer sieht sich als Opfer. Es wird abschätzig über Minderheiten oder andere Kulturen geredet. Bei Konflikten reagiert der Teilnehmer stur oder lenkt sofort ein und verleugnet seinen Standpunkt. Der Teilnehmer nutzt die ihm zur Verfügung stehenden Präsentationsmaterialien (z. B. Flipchart) nicht.

2

Der Teilnehmer ist im Großen und Ganzen gepflegt (Haare, Fingernägel, Kleidung sauber) und das Auftreten ist im Wesentlichen angemessen (unangemessen z. B. Freizeitkleidung, übermäßig viel Schmuck), er hält meistens Blickkontakt, spricht meistens verständlich. Der Teilnehmer geht manchmal auf die ihm unbekannte Gruppe zu und versucht sich einzugliedern. Oder: er dominiert das Gespräch und lässt den Gesprächsführenden nicht zu Wort kommen. Manchmal wird die Tendenz gegen die Gruppe zu agieren deutlich. Die Ausführungen sind nicht immer verständlich. Er benutzt eine im Großen und Ganzen klare Sprache. Er zeigt wenig Interesse an seinen Gesprächspartnern und deren Standpunkten. Kritik wird häufig externalisiert. Es wird nicht abschätzig über Minderheiten oder andere Kulturen geredet. Bei Konflikten knickt der Teilnehmer ein und verleugnet seinen Standpunkt. Unterschiedliche Standpunkte werden ansatzweise oder vereinzelt auf ihre Sachebene zurückgeführt. Der Teilnehmer nutzt hin und wieder die ihm zur Verfügung stehenden Präsentationsmaterialien, in dem er z. B. einen Abschnitt mithilfe des Flipcharts präsentiert.

3

Der Teilnehmer ist gepflegt (Haare, Fingernägel, Kleidung sauber) und tritt angemessen auf (unangemessen z. B. Freizeitkleidung, übermäßig viel Schmuck), hält Blickkontakt, spricht laut und deutlich. Der Teilnehmer geht in angemessenem Rahmen auf die ihm unbekannte Gruppe aktiv ein und zeigt somit, dass er mit für ihn fremden Personen in einem Team agieren kann. Die Ausführungen sind gut verständlich. Er benutzt eine klare Sprache. Er zeigt Empathie für die Standpunkte anderer. Kritik wird nicht externalisiert, sondern der Teilnehmer stellt die Frage nach dem eigenen Anteil an einer Situation. Es wird nicht abschätzig über Minderheiten oder andere Kulturen geredet. Bei Konflikten vertritt der Teilnehmer über weite Strecken seine eigene Meinung, ohne die des anderen abzuwerten. Der Teilnehmer nutzt die ihm zur Verfügung stehenden Präsentationsmaterialien (z. B. Flipchart), jedoch fehlt ihm die Struktur (kein roter Faden).

4

Der Teilnehmer ist gepflegt (Haare, Fingernägel, Kleidung sauber), hält Blickkontakt, spricht laut und deutlich. Der Teilnehmer fügt sich sehr gut in die ihm unbekannte Gruppe ein, führt diese und berücksichtigt dabei die Interessen aller Gruppenmitglieder. Er zeigt also ein aktives Verhalten, mit dem er die Gruppe bei ihrer Entscheidungsfindung unterstützt. Die Ausführungen sind gut verständlich. Der Teilnehmer vergewissert sich, ob er verstanden wurde. Er benutzt eine klare Sprache. Er geht auf die Standpunkte und Aussagen anderer ein und zeigt Empathie dafür. Kritik wird nicht externalisiert, sondern der Teilnehmer stellt die Frage nach dem eigenen Anteil an einer Situation. Es wird nicht abschätzig über Minderheiten oder andere Kulturen geredet. Bei Konflikten wird eine einvernehmliche Lösung herbeigeführt. Unterschiedliche Standpunkte werden auf ihre Sachebene zurückgeführt. Der Teilnehmer nutzt die ihm zur Verfügung stehenden Präsentationsmaterialien (z. B. Flipchart) und präsentiert mit Struktur (roter Faden ist vorhanden).

Diese Beschreibungen führen „Sozialkompetenz" auf beobachtbares Verhalten zurück, das eben unabhängig von einem wie auch immer gearteten Persönlichkeitsmodell bewertet werden kann. Sie sind auch so formuliert, dass sie für die Führungskraft eine sinnvolle Hilfe bei der Auswahl sind. Bei jedem personalwirtschaftlichen Instrument ist es für den Erfolg entscheidend, dass es für den Anwender einen Mehrwert bietet und nicht als unnötige Erschwernis erlebt wird. Daher sollte man ganz genau abwägen, wie viel Wissenschaftlichkeit sinnvoll ist oder ob nicht einfache, handwerklich solide Lösungen hilfreicher sein können.

Allerdings muss man sich auch darüber im Klaren sein, dass solche Modelle nicht für die Ewigkeit sind, sondern in regelmäßigen Abständen überarbeitet werden müssen. Zum einen entwickeln Menschen in einer Organisation sich weiter, was dazu führt, dass man die Messlatte höher anlegen kann und muss. Wir sehen aber auch, dass Werte sich verändern und z. B. die oft beschworene Generation Y ganz andere Vorstellungen von Führung und Geführtwerden hat als vorangegangene Generationen. Aber auch die Herausforderungen an das Unternehmen unterliegen einem stetigen Wandel. Insofern ist davon auszugehen, dass es in einem anderen Marktumfeld andere Kompetenzen oder Kompetenzausprägungen sind, die einen Mitarbeiter erfolgreich machen. Der Bezugsrahmen (das Kompetenzmodell) muss dabei nicht zwangsläufig komplett überarbeitet werde. In der Regel reicht eine Adaptation (Vgl. Campion et al. 2011).

3.4 Rechtlicher Rahmen

Insofern das Unternehmen einen Betriebsrat hat, unterliegt die Definition von Kriterien für Auswahl und Bewertung von Mitarbeitern der Mitbestimmung (§§ 92 ff. BetrVG). Hierbei gibt es abgestufte Mitbestimmungsrechte. Es empfiehlt sich, den Betriebsrat hier frühzeitig einzubinden und ggf. auch in die Konzeptionsphase einzubeziehen.

Literatur

Allport, G. (1959). *Persönlichkeit: Struktur, Entwicklung und Erfassung der menschlichen Eigenart.* Belz: Anton Hain.
Allport, G. (1974). *Werden der Persönlichkeit.* München: Kindler Verlag.
Campion, M., Fink, A., Ruggeburg, B., Carr, L., Philips, G., & Odman, R. (2011). Doing competencies well: Best practices in competency modelling. *Personnel Psychology, 64*(1), 225.
Collins, J. (2011). *Der Weg zu den Besten.* Frankfurt: Campus.
Hossiep, R. (2013). Explizite Maße. In W. Sarges (Hrsg.), *Managementdiagnostik* (S. 592). Göttingen: Hogrefe.
Kanning, U., Pöttker, J., & Klinge, K. (2008). *Personalauswahl.* Stuttgart: Schäffer-Poeschel.
Kanning, U. (2009). *Von Schädeldeutern und anderen Scharlatanen.* Lengerich: Pabst Science Publisher.
Montel, C. (2013). Validitätsbasis für Eignungs- und Potenzialbeurteilungsprozeduren. In W. Sarges (Hrsg.), *Managementdiagnostik* (S. 771). Göttingen: Hogrefe.
Wildemann, B. (2000). *Die Persönlichkeit des Managers.* Göttingen: Hogrefe.

Das Auswahlgespräch

Zusammenfassung

In einem mehrstufigen Auswahlprozess findet der erste persönliche Kontakt mit dem Bewerber in einem Gespräch statt. Hierbei kann man auch ein telefonisches Vorabinterview als Filter vorschalten. Das effektivste Instrument in diesem Stadium ist ein teilstrukturiertes Interview. Hier werden auf biografischer Basis standardisierte Fragen gestellt und man geht flexibel auf konkreten Informationsbedarf ein. Dabei ist es wichtig, dass Beobachtung, Beschreibung und Bewertung getrennt werden, um Wahrnehmungsverzerrer möglichst auszuschalten. Aussagekräftige Fragen beschäftigen sich nicht mit hypothetischen Fragestellungen, sondern erfragen Erfahrungen aus der Vergangenheit.

4.1 Telefonisches Vorabinterview

Nach der Vorauswahl ist in der Regel ein persönliches Gespräch der erste Schritt. Manche Unternehmen schalten ein telefonisches Interview vor. Dies ist eine sehr sinnvolle Vorgehensweise, weil es ermöglicht, weniger Kandidaten nach Aktenlage auszusortieren und Fragen, die sich aus der Analyse der Unterlagen ergeben mit relativ geringem Aufwand zu klären. Hierbei sollte man sich auf die konkreten Fragen aus dem Lebenslauf oder den Zeugnissen und die Abklärung der wichtigen Parameter beschränken, also ob der Kandidat genügend Informationen über die Stelle hat, passt die Gehaltsvorstellung etc. Hier sollte man sich klare Fragen im Vorfeld formulieren. Man sollte sich aber auch darüber im Klaren sein, wie viele Informationen man dem Kandidaten bei diesem Gespräch geben möchte und welche Fragen sinnvoller bei einem persönlichen Gespräch besprochen werden. Sonst droht die Gefahr, dass diese Gespräche einen zu hohen Aufwand verursachen. Allerdings warnt Andreas Werner davor, dieses Instrument unüberlegt einzusetzen: „Das

Ausschließen oder Verprellen eigentlich geeigneter Kandidaten aufgrund schlecht organisierter oder geführter Telefongespräche wäre fatal." (Werner 2004, S. 91).

4.2 Checkliste für das telefonische Interview

- Vorstellungen des Bewerbers von Inhalt und Zielen der Stelle
- Erwartungen des Bewerbers an die Stelle
- Gehaltsvorstellung
- Verfügbarkeit
- Grobe Prüfung der beruflichen Erfahrung (nur KO Kriterien)
- Fragen des Bewerbers

4.3 Rahmenbedingungen

Grundsätzlich gilt wie bereits in Abschn. 1.3 dargelegt, dass es mittlerweile einen klaren rechtlichen Rahmen dafür gibt, welche Fragen zulässig sind und welche nicht. Grundsätzlich sind nur solche Fragen statthaft, die sich direkt auf die berufliche Eignung des Kandidaten beziehen. Hierbei ist nicht nur der rechtliche Rahmen zu beachten, sondern letztlich auch die Regeln gesellschaftlichen Anstands, die es verbieten in private Bereiche vorzudringen. In keinem anderen Lebensbereich würde man es sich anmaßen, Fragen zu stellen, wie sie häufig in unprofessionellen Auswahlgesprächen vorkommen. Gesetzlich untersagt sind Fragen, die nach AGG den Tatbestand der Diskriminierung erfüllen (Vgl. Schaub und Koch 2014, S. 25 ff.) Grundsätzlich sollte man alle Fragen aus dem privaten Umfeld vermeiden, denn auch wenn das AGG in Deutschland noch ein Papiertiger ist, so ändern sich Sensibilitäten und Rechtsprechung fortwährend. Zum anderen aber ist ein Imageschaden für das Unternehmen zu befürchten, wenn AGG Verstöße nach außen getragen werden. Gerade im Zeitalter der sozialen Netzwerke sind die Konsequenzen oft nicht mehr steuerbar. Auch dies ist ein Argument dafür, Gespräche firmenseitig mit zwei Vertretern zu führen. Aber auch das Gespräch an sich kann beschädigt werden, wenn die Frage als unpassend oder unhöflich erlebt wird. Ein Personalleiter fragte in einem Gespräch, ob der Kandidat Kinder hätte. Damit wollte er herausfinden, wie flexibel der Bewerber in Bezug auf Arbeitszeiten ist. Der Bewerber antwortete, dass er eine Tochter gehabt hätte, die im Alter von zwei Jahren gestorben ist. Nach diesem Punkt war es nicht mehr möglich, ein zielgerichtetes Auswahlgespräch zu führen.

Das Auswahlgespräch ist die Visitenkarte der Firma. In der heutigen Zeit müssen Unternehmen um den Mitarbeiter werben und durch das Internet verbreiten sich negative Aussagen über das Unternehmen sehr schnell. Aber nicht nur Höflichkeit dem Bewerber gegenüber verlangt bestimmte Rahmenbedingungen. Will man zu einer klaren Entscheidung kommen, müssen die Rahmenbedingungen so gestaltet sein, dass die Wahrnehmung nicht nur Störfaktoren beeinflusst wird.

Zunächst sollte die Sitzordnung so sein, dass sie auf den Kandidaten nicht einschüchternd wirkt. Die klassische frontale Verhörsituation, in der zwei Firmenvertreter dem Bewerber gegenüber sitzen wäre eine solche zu vermeidende Sitzanordnung. Hier ist eine Sitzanordnung über Eck zu bevorzugen. Ideal wäre ein runder Tisch. Grundsätzlich sollten bei jedem einzelnen Gespräch zwei Vertreter der Firma dabei sein. Dies hat zwei Gründe: auch wenn Deutschland noch keine ausgeprägte Klagekultur in Antidiskriminierungsthemen hat, empfiehlt es sich aus rechtlichen Gründen solche Gespräche immer mit einem Zeugen zu führen. Zum anderen führt eine Bewertung der Beobachtungen durch mehrere Personen zu einer höheren Validität. Mehr als zwei Personen in einem Gespräch wirken einschüchternd. Nehmen alle Personen aktiv am Gespräch teil, so wird der Redeanteil des Bewerbers umso kleiner je mehr Firmenvertreter teilnehmen. Grundsätzlich kann man festhalten, dass die Validität des Auswahlverfahrens umso höher wird, je mehr Firmenvertreter den Bewerber gesehen haben. Daher empfiehlt es sich, mehrere Gespräche hintereinander durchzuführen.

Der Raum muss auch für das Gespräch vorbereitet sein. Dazu gehört auf jeden Fall, dass Getränke angeboten werden. Wenn die Firma über Werbematerial verfügt, sollten ein Block und ein Kugelschreiber sowie relevante Broschüren der Firma für den Kandidaten bereitliegen. Der Raum sollte freundlich gestaltet sein. Insofern ist es bei der Planung der Auswahlgespräche wichtig, zu berücksichtigen, dass die notwendigen Räumlichkeiten auch zur Verfügung stehen. Eine absolute Todsünde berichtet ein Bewerber von einem Vorstellungsgespräch bei einem großen Chemie-Konzern: er wurde in einen fensterlosen Raum geführt, in dem weder Getränke noch Material über die Firma waren. Man ließ ihn dort ohne Erklärung 45 min auf den Personalleiter warten.

Gerade heutzutage, in denen Mobiltelefone allgegenwärtig sind, muss man darauf hinweisen, dass diese während des Gesprächs ausgeschaltet sein müssen und es auch keine weitere Form der Unterbrechung geben darf. Wenn man während des Gesprächs Notizen macht, ist der Bewerber darauf kurz hinzuweisen.

4.4 Wahrnehmungspsychologie

Menschen neigen grundsätzlich dazu, unbewusst sehr schnell Urteile zu fällen, ohne im Besitz aller Fakten zu sein. Man könnte hier von einem Vor-Urteil sprechen. Evolutionär betrachtet ist dies ein sinnvoller Vorgang, denn er ermöglichte unseren Vorfahren, Situationen schnell einzuschätzen und Gefahren abzuwehren oder vor ihnen zu fliehen. In anderen Worten: das intuitive Bewerten von Personen und Situationen ermöglicht es uns, unsere Welt zu strukturieren. Dabei werden die Urteile selten identisch ausfallen, denn wie man etwas bewertet hängt wiederum stark von den eigenen Werten und der eigenen Prägung ab. So wird z. B. ein Kind, das selbst nie gelernt hat, Konflikte zu verbalisieren, einen schreienden Erzieher oder Lehrer anders wahrnehmen als ein Kind, das durch sein Elternhaus einen anderen Umgang mit Konflikten gewohnt ist. Man spricht hier von „impliziten Persönlichkeitstheorien". Daneben gibt es „explizite Persönlichkeitstheorien". Das klingt kompliziert, ist es jedoch nicht. Es geht dabei nur um den Unterschied zwischen einer Bauchentscheidung und einer aufgrund von Erkenntnis gefällten abgewogenen Bewertung eines Menschen. Ersteres möchte man in einem strukturierten Auswahlprozess verhindern (Vgl. Aronson 2014, S. 57 ff.).

Wir nehmen nonverbale und verbale Signale war und nehmen Verbindungen zwischen verschiedenen Faktoren an, die es nicht gibt oder lassen unsere Urteile von unseren werten oder Annahmen leiten. Grundsätzlich muss man an dieser Stelle aber auch darauf hinweisen, dass ein Störgefühl ein Störgefühl ist und ernst genommen werden sollte. Hat man auf einer nicht-rationalen Ebene ein Problem mit einem Kandidaten, sollte man dies auf keinen Fall ignorieren. Wichtig ist, dieses Störgefühl in einen rationalen Entscheidungsprozess zu überführen und klar herauszuarbeiten, was es ist, das einen irritiert. Wenn ein Kandidat z. B. die Angewohnheit hat, anderen dauernd ins Wort zu fallen und diese das stört, dann ist das eine Tatsache, die für den Entscheidungsprozess relevant ist.

Es existieren jedoch auch eine ganze Reihe von Wahrnehmungsfehlern (Vgl. Werner 2004, S. 124 ff.), die uns zu falschen Urteilen kommen lassen können. Einige davon seien hier aufgeführt:

Das offensichtlichste sind **Vorurteile.** Man hat eine pauschale Meinung zu einer bestimmten Personengruppe und überträgt diese dann auf das Individuum. Man hält z. B. eine Kandidatin für nicht geeignet, weil man grundsätzlich der Meinung ist, dass eine Frau so etwas nicht kann. Eng damit verwandt ist die **selbsterfüllende Prophezeiung:** mein eigenes Verhalten einer Person gegenüber führt dazu, dass sie sich genauso verhält, wie ich es von ihr erwarte.

Ebenso können **illusorische Zusammenhänge** dazu führen, dass falsche Entscheidungen oder Entscheidungen aus den falschen Gründen getroffen werden. Bei dieser Form des Wahrnehmungsverzerrers werden zwei Faktoren miteinander verknüpft, die keine inhaltliche Verbindung haben, so z. B. die Annahme, dass jemand, der viel spricht zur Lösung des Problems beiträgt oder derjenige, der einen eleganten Anzug trägt deshalb auch kompetent ist. Aus genau diesem Grund sind Fragen aus dem persönlichen Umfeld sehr gefährlich. Ob jemand einen Mannschaftssport spielt sagt nichts über seine Teamfähigkeit bei der Arbeit aus. Wer mit 40 nicht verheiratet ist, muss deshalb noch lange nicht unsolide sein. Verhalten aus dem privaten Umfeld lässt keinen Rückschluss auf berufliche Eignung zu. Deshalb sollte man sich konsequent jede Frage zu privaten Dingen versagen.

Ein schwieriges Feld ist der Bereich von **Sympathie und Antipathie.** Wie bereits erwähnt, sollte man Antipathie auf keinen Fall ignorieren, sondern konsequent versuchen, den Ursachen auf den Grund zu gehen. Die Gefahr liegt eher darin, zu versuchen das Gefühl, das ja in der Regel eine Ursache hat, zu ignorieren. Gefährlicher ist die Sympathie, da sie an die Stelle rationaler Bewertungen treten kann. Dies zeigt wiederum, wie wichtig einerseits die Bewertung durch mehrere Personen in mehreren Verfahren ist. Andererseits belegt dies auch, wie wichtig es ist, klar definierte und abprüfbare Anforderungen zu haben.

4.4 Wahrnehmungspsychologie

Der wohl bekannteste Wahrnehmungsverzerrer ist der **sogenannte Halo (= Lichtschleier) oder Überstrahlungseffekt.** Man schließt durch die Kenntnis bekannter Eigenschaften auf die Qualität unbekannter. Wenn man zum Beispiel Sympathie für eine bestimmte Person empfindet und generell Menschen sympathisch findet, die einen Sinn für Humor haben sind, kann das dazu führen, dass man dieser Person einen Sinn für Humor unterstellt ohne dafür irgendeinen Beweis zu haben. Eine Eigenschaft überstrahlt also eine andere. Das kann auch dazu führen, dass jemand in allen beobachteten Kompetenzen positiv bewertet wird, obschon tatsächlich eine sehr differenzierte Ausprägung vorliegt. Dies kann z. B. gerade bei Assessment Centern vorkommen, wenn Kandidaten eine hohe Sozialkompetenz aufweisen und daher auch in anderen Kompetenzen hoch bewertet werden.

In der Bewertung gibt es Menschen mit einer ausgeprägten **Tendenz zu strengen oder milden Bewertungen** bzw. mit einer **Tendenz zur Mitte.** Daher ist es für ein professionelles Auswahlverfahren unerlässlich, Kompetenzen klar zu definieren und auch zu operationalisieren, d. h. zu bestimmen in welcher Ausprägung diese Kompetenz für die Stelle benötigt wird und wie die einzelnen Skalenstufen definiert sind. Man muss dies natürlich nicht in der Ausführlichkeit tun, wie es in Kap. 4 dargestellt wurde, sondern kann auch ganz einfach mit Stichworten arbeiten. In diesem Zusammenhang kann es ebenfalls durch die Einführung eines relativen Vergleichsmaßstabs zu einer verzerrten Bewertung kommen. Dies passiert immer dann, wenn man eine an der Person, z. B. den vorherigen Stelleninhaber oder sich selbst als Vergleich einbringt. Dies ist besonders dann gefährlich, wenn man eine Gruppe von möglichen Kandidaten hat und diese nicht mit dem Anforderungsprofil abgleicht, sondern losgelöst davon miteinander vergleicht. Die Tatsache, dass eine Person die beste in einer Gruppe ist, bedeutet ja nicht, dass sie auch tatsächlich für die Stelle geeignet ist.

Schließlich ist der **Primacy bzw. Recency Effekt** noch zu erwähnen. Grundsätzlich bleibt uns das, was wir als erstes oder letztes beobachtet haben besonders gut im Gedächtnis. Ein Beispiel hierfür ist ein ac, zu dem ein Teilnehmer zu spät erschien. Er platzte in den Raum und fasste sich in dem Augenblick, in dem alle Augen auf ihn gerichtet waren in den Schritt. Bei jeder Evaluierung einer Übung und bei der abschließenden Beobachterkonferenz wurde dann genau dieser Vorfall immer wieder genannt und führte dazu, dass der Kandidat wahrscheinlich schlechter bewertet wurde als er tatsächlich war. Insofern sind eine kontinuierliche Beobachtung und eine Protokollierung des Beobachteten wichtig.

Diese Auflistung erhebt keinen Anspruch auf Vollständigkeit und man könnte sicherlich bei jedem Punkt diskutieren, ob er nicht zu einfach dargestellt wurde oder ob man die einzelnen Wahrnehmungsverzerrer tatsächlich so voneinander abgrenzen sollte. Das ist allerdings auch nicht der Anspruch dieses Buchs. Es geht vielmehr darum, grundlegende Mechanismen aufzuzeigen und für implizite Persönlichkeitstheorien und Beurteilungsfehler zu sensibilisieren und Wege zu zeigen, wie ein Auswahlprozess gestaltet werden kann, der diese Fehler vermeidet.

4.5 Vermeidung von Wahrnehmungsfehlern

Die meisten Beurteilungsfehler entstehen dadurch, dass intuitiv geurteilt wird. Die Bewertung findet also zeitgleich mit der Beobachtung statt, die zu diesem Zeitpunkt noch gar nicht abgeschlossen ist. Daher teilt man den Beurteilungsprozess in drei Schritte auf:

- Beobachten
- Beschreiben
- Bewerten

Mit „Beobachten" ist gemeint, dass nur das in die Beurteilung mit einfließt, das man beobachten und beschreiben kann. Also geht es hierbei um ganz konkretes Verhalten und nicht um Verallgemeinerungen. Man muss in der Lage sein, Beispiele nennen zu können, wenn man zu einer Beurteilung kommen will. Dies ist besonders dann wichtig, wenn man dem Kandidaten bei Ab- oder Zusage ein qualifiziertes Feedback geben will. Das eigene Urteil stellt man in dieser Phase bewusst hintenan.

„Beschreiben" bedeutet zum einen, das Beobachtete in Worte zu fassen und wertneutral festzuhalten. Das beinhaltet vor allem auch das kontinuierliche Dokumentieren des Gesprächs. Wie in Punkt 4.3 aufgezeigt wurde kann gerade durch das Berücksichtigen punktueller Beobachtung zuungunsten einer Gesamtwertung dazu führen, dass eine falsche Entscheidung getroffen wird. Konkret heißt das, dass man sich während des gesamten Interviews möglichst viele Notizen machen sollte.

Erst im dritten Teil erfolgt dann die Bewertung. Um diese zu erreichen werden die Notizen aus dem Auswahlgespräch systematisch ausgewertet. Hierbei ist zu beachten, dass jeder einzelne immer noch seine impliziten Persönlichkeitstheorien, die eine Bewertung beeinflussen können. Daher steigt die Qualität der Entscheidung, wenn sie in einem dialogischen Prozess erfolgt. Es ist in diesem Zusammenhang auch sinnvoll, mit dem Bewerber mehrere nacheinandergeschaltete Interviews zu führen, in denen er mit jeweils anderen Personen redet. Eine Bewertung erfolgt dann in einer großen Runde. Ein mittelständisches Pharmaunternehmen handhabe dies so, dass der Kandidat beim Erstbesuch in der Firma je drei Gespräche nacheinander führte. Diese Gespräche waren so aufgebaut, dass alle potenziellen Schnittstellen dabei waren, also auch hierarchieübergreifend. Das bedeutet natürlich nicht, dass die Personalentscheidung nachher basisdemokratisch getroffen wurde. Aber die Kombination der verschiedenen Blickwinkel hat die Qualität des Entscheidungsprozesses deutlich verbessert und die Fluktuation in diesem Teil des Unternehmens war erheblich geringer als im Rest der Firma.

4.6 Das Interview

Das Interview verfolgt zwei Absichten: zum einen sollen möglichst viele qualitativ hochwertige Informationen gewonnen werden, die ein Entscheidung über die berufliche Eignung des Bewerbers geben. Zum anderen aber dient das Gespräch aber auch dem Zweck, dem Bewerber eine Informationsmöglichkeit zu Stelle, Firma und Rahmenbedingungen zu geben. Daher sollte der Schwerpunkt des Gesprächsanteils beim Bewerber liegen. Als Faustregel kann man festhalten, dass der Redeanteil 1/3 zu 2/3 sein sollte. Man sollte sich im Vorfeld gut überlegen, ob man Informationen proaktiv geben möchte oder aber ob man auf Fragen des Kandidaten reagiert, weil man darüber bewerten kann, wie gut der Kandidat sich vorbereitet hat und welches Problembewusstsein er hat (vgl. Abb. 4.1).

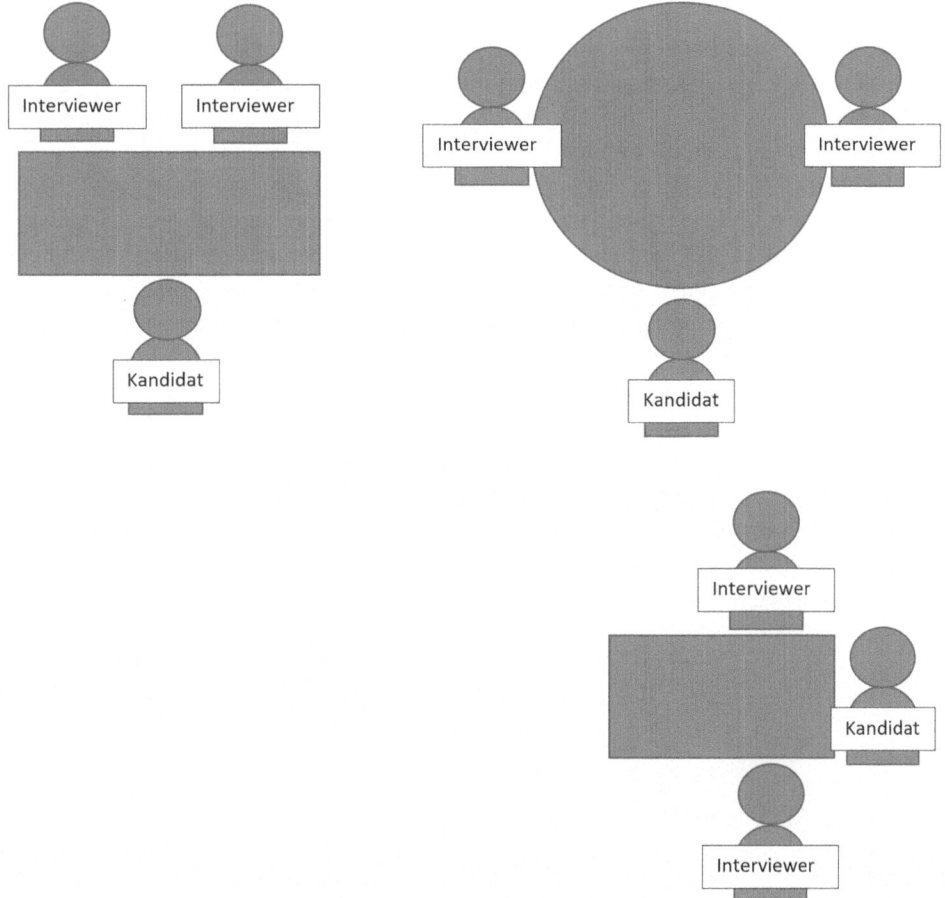

Abb. 4.1 Sitzordnung: konfrontativ vs. einbindend

4.6.1 Phasen des Interviews

Ein professionelles Interview teilt man in mehrere Phasen auf (vgl. Abb. 4.2):

Begrüßungsphase: in dieser Phase geht es darum, dass der Kandidat im Gespräch ankommt und ggf. Ängste abbaut. Man nutzt dies typischerweise für Small Talk über die Anreise oder das Wetter.

Informationsphase: Hier stellen sich zunächst die Teilnehmer des Gesprächs vor, erläutern das weitere Vorgehen und geben Informationen zur Stelle und/oder Firma. Es empfiehlt sich an dieser Stelle, nicht alle relevanten Informationen zu geben, sondern einige für Fragen des Bewerbers aufzuheben. Zum einen kann man dadurch einschätzen, wie gut er vorbereitet ist. Zum anderen aber weiß der Kandidat, dass in der Regel von ihm erwartet wird, dass er Fragen stellt. Je detaillierter die Firma informiert, umso schwieriger wird es für den Bewerber, selbst noch sinnvolle Fragen zu stellen.

Biografisches Interview: in dieser Phase, sammelt man möglichst viele Informationen über den Bewerber.

Fragen des Bewerbers: die Bezeichnung ist selbsterklärend. Man kann diese in der Struktur des Gesamtgesprächs allerdings auch direkt an die Informationsphase anschließen.

Schlussphase: In einem Wandel vom Arbeitgeber- zum Arbeitnehmermarkt sollte man nicht davon ausgehen, dass der Kandidat unbedingt die angebotene Stelle möchte. Insofern ist es wichtig, den Kandidaten, zu motivieren diese Stelle anzunehmen, wenn es passt. Ist dies nicht der Fall, sollte man keine falschen Erwartungen wecken. Wichtig ist, dass man dem Bewerber volle Transparenz über den weiteren Verlauf des Verfahrens gibt und realistische Zeithorizonte angibt und diese dann auch einhält. Mangelnde Verbindlichkeit kann einerseits den Bewerber verärgern und spricht sich auch schnell in sozialen Netzwerken o. ä. herum. Merkt man, dass keine Passung vorliegt, so ist es eher unüblich, vor Ort bereits eine Absage auszusprechen. Dann sollte man sich jedoch möglichst kurzfassen, was weitere Schritte angeht. Man sollte auf keinen Fall direkt eine Zusage tätigen, denn grundsätzlich ist der Arbeitsvertrag zunächst formfrei. D. h. durch das Aussprechen eines Angebots und der Annahme dessen durch den Bewerber kommt ein Vertrag zustande. Kann dieser dann aus welchen Gründen auch immer durch den Arbeitgeber nicht erfüllt werden, entstehen Regressansprüche.

Abb. 4.2 Phasen des Interviews

4.6.2 Formen des Interviews

Grundsätzlich gibt es drei Formen des Interviews:

- Unstrukturiertes Interview
- Strukturiertes Interview
- Teilstrukturiertes Interview

Das unstrukturierte Interview findet sich in der Realität relativ häufig. Dies liegt oft auch an mangelnder Vorbereitung. Für die Validität eines Interviews ist jedoch die saubere Vorbereitung der zentrale Erfolgsfaktor. Das unstrukturierte Interview bietet den Vorteil, dass es wenig direktiv ist und daher vom Bewerber als angenehm empfunden wird. Der Nachteil ist jedoch das mögliche Abschweifen in irrelevante Bereiche und das Risiko relevante Themengebiete nicht zu erfassen sowie eine mangelnde Vergleichbarkeit der Kandidaten. Ohne Struktur ist es nicht möglich ein klares Ziel zu erreichen.

Das strukturierte Interview wiederum stellt jedem Kandidaten die gleichen Fragen. Da der Interviewer immer wieder auf die starre Struktur zurückführen muss, sind diese Art von Interviews meist „zu artifiziell, fast schon würdelos" (Werner 2004, S. 129), was den Kandidaten verunsichern kann. Manche Unternehmen gehen sogar so weit, dass sie diese Interviews aufzeichnen, sie von Dritten auswerten lassen, um so die Kandidaten besser miteinander vergleichen zu können. Abgesehen von der Künstlichkeit der Situation birgt auch diese Form des Auswahlgesprächs das Risiko in sich, dass relevante Fragestellungen nicht angesprochen werden.

Das teilstrukturierte Interview bietet nun die Möglichkeit, die Vorteile beider Formen miteinander zu verbinden. Grundsätzlich folgt auch das teilstrukturierte Interview einer vorher definierten Reihenfolge, bietet jedoch die Möglichkeit, gezielt Fragen in den Fragenkatalog aufzunehmen und auch nachzufragen oder irrelevante Themenbereiche zu überspringen bzw. anderen mehr Platz einzuräumen. Ein Interview wird also grundsätzlich anforderungs- und bewerberbezogen vorbereitet. In der Regel wählt man einen biografischen Einstieg, um so eine Struktur zu schaffen, die der Bewerber selbst gestalten kann. Man bittet darum, dass der Kandidat seinen eigenen Lebenslauf chronologisch erzählt, idealerweise ab Verlassen der Schule. So hat man auch die Möglichkeit, die vorbereiteten Fragen zu jeder Station einbauen zu können, ohne die Struktur unterbrechen zu müssen.

4.6.3 Fragetypen

Prinzipiell unterscheidet man zwischen offenen und geschlossenen Fragen. Geschlossene Fragen lassen nur eine ja/nein Antwort zu. Offene Fragen hingegen initiieren einen Kommunikationsprozess und lassen auch Nach- und Zwischenfragen zu. Geschlossene Fragen sind dann sinnvoll, wenn auch tatsächlich nur eine ja/nein Antwort benötigt wird. Je allgemeiner man eine offene Frage stellt, desto größer wird der Redeanteil des Gefragten und umso weniger Nachfragen werden notwendig. Um einen Gesprächsfluss zu gewährleisten und eine Verhörsituation zu vermeiden, empfiehlt sich die Technik des Reflektierens. Dabei gibt man in eigenen Worten wider, was man auf der Sach- aber auch auf der emotionalen Ebene verstanden hat. Dabei geht es nicht um ein bloßes Nachplappern, sondern um ein Widerspiegeln des Wahrgenommenen und der Vermittlung von Empathie (Vgl. Gordon 1989, S. 67 ff.). Als reine Technik wird dies jedoch nicht funktionieren, da es nur dann glaubwürdig ist, wenn ein tatsächliches Interesse und Empathie vorliegen. Es geht also darum, das Gehörte in eigenen Worten zusammenzufassen. Im deutschsprachigen Raum wird in Seminaren häufig vermittelt, dass man das Reflektieren mit den Worten „Habe ich Sie richtig verstanden, dass…" einleiten soll. Das ist wenig zielführend, denn dadurch macht man das Gesagte zur geschlossenen Frage. Tatsächlich soll das Reflektieren jedoch eine angenehme Gesprächsatmosphäre schaffen und das gegenüber zum freien Reden animieren. Auf diese Art und Weise kann man den Dialog kontrollieren, ohne direktiv eingreifen zu müssen.

Grundsätzlich gilt, dass im Auswahlgespräch Fragen ohne verdeckte Absichten gestellt werden. Zum einen kann man aus einer manipulierten Situation nur sehr schwer valide Rückschlüsse über Verhalten in einer normalen Situation ableiten. Das Paradebeispiel ist hier das sogenannte Stressinterview. Letztlich ist für die Auswahlentscheidung nicht relevant, wie jemand sich in einer als unangenehm wahrgenommenen Situation verhält, sondern welche Fähigkeiten, Fertigkeiten und Verhaltensweisen er im normalen Arbeitsumfeld an den Tag legt. Vor allem führt diese Art der Fragetechnik unweigerlich zu einem Vertrauensbruch, der entweder ein taktisches Verhalten des Bewerbers zur Folge hat oder im schlimmsten Fall die Entscheidung nicht bei einem solchen Arbeitgeber tätig zu werden. Gleiches gilt für Suggestivfragen („Sie meinen doch sicher auch…") oder rhetorische Fragen, weil diese letztlich nie eine Informationsabsicht hat.

Die in der Realität wohl am häufigsten verwendete Frage im Interview ist die hypothetische Frage („Was würden Sie tun, wenn…"). Dieser Fragetyp hat eine sehr geringe Aussagekraft in Bezug auf berufliche Eignung. Er kann allerdings durchaus eine Berechtigung haben. Die Polizei des Saarlandes hat bei der Einstellung von Kommissarsanwärtern das Kriterium „Organisationsverständnis". Das ist für diesen Beruf außerordentlich wichtig, da die Polizei aus Erfahrung weiß, dass es zu Problemen kommt, wenn junge Menschen ein falsches Bild von Rolle und Aufgaben der Polizei hat. Daher werden hier hypothetische Fragen gestellt, über die herausgearbeitet wird, welche Vorstellung der Bewerber vom Polizeiberuf hat. Die Metropolitain Police in London hat solche Fragen z. B. bereits in einem online-Assessment simuliert, das darüber entscheidet, ob man zum Gespräch eingeladen wird oder nicht. Dabei geht es um Fragen mit dem Umgang von Gefahr und der Rolle des Polizisten in bestimmten Situationen. Das macht Sinn, denn ein Bewerber, der bisher nicht bei der Polizei gearbeitet hat, kann nicht aus Erfahrung reden. Das gilt letztlich für alle Rollen und Organisationen, die der Bewerber aufgrund seiner Biografie nicht kennen kann. Im Prinzip handelt es sich häufig jedoch um eine falsche Anwendung der Critical Incident Methode. Man definiert eine erfolgskritische Situation und lässt den

4.6 Das Interview

Kandidaten diese simulieren. Hier endet jedoch die Validität dieses Fragetypus. Die Tatsache, dass jemand sagt, dass er etwas tun würde, heißt noch lange nicht, dass er es wirklich tut oder dass er das Wissen, die Fähigkeiten oder Fertigkeiten hat, dies auch tatsächlich zu tun. Zudem liegt in diesem Fragetypus die Gefahr, dass der Kandidat taktisch antwortet, d. h. das sagt, was er glaubt, dass es von ihm erwartet wird (vgl. Abb. 4.3).

Der biografische Ansatz in der Personalauswahl geht grundsätzlich davon aus, dass Verhalten in der Vergangenheit eine Prognose zum künftigen Verhalten ermöglicht. Ein auf diese Art strukturiertes Interview bietet eine sehr hohe Validität (vgl. Schuler 2014, S. 337). Die in Kap. 1 dargelegte Critical Incident Methode definiert Anforderungen über die Beschreibung konkreter Situationen. Zum einen erlaubt dies eine klare Definition des Solls und auch eine Gewichtung. Ein weiterer Vorteil dieser Methode liegt jedoch vor allem auch darin, dass sie hervorragend geeignet ist, um im Interview einen Soll-/Ist-Abgleich

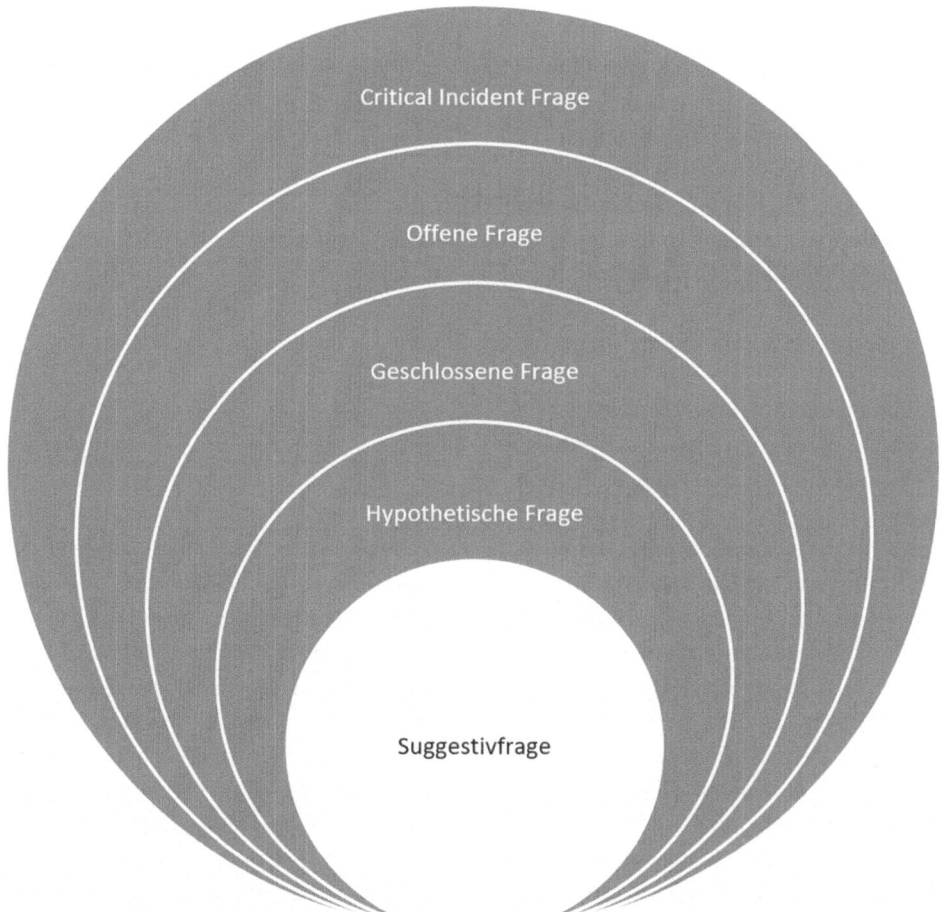

Abb. 4.3 Informationsgehalt von Fragetypen

durchzuführen, da sie ja auf der Basis von beobacht- und beschreibbarem Verhalten funktioniert. Insofern lässt sich dies gut abfragen. Man verwendet hier als Fragetechnik das sogenannte Verhaltensdreieck (Vgl. Werner 2004, S. 149) bzw. fragt eine Verhaltenssequenz ab. Man sucht sich einen relevanten „Critical Incident" heraus und fragt dazu. Ein Beispiel dafür könnte sein, dass jemand in der Lage sein muss, komplexe Projekte zu leiten. Man würde sich dann eines aus dem Lebenslauf heraussuchen und sich die Ausgangslage genau beschreiben lassen, also z. B.:

- Was war die Problemstellung?
- Was war die Zielsetzung?
- Wer war der Projektauftraggeber?
- Wer war das Projektteam?
- Welche Schnittstellen gab es?
- Wie war das Budget?

Im zweiten Schritt fragt man nach dem konkreten Verhalten des Bewerbers, also z. B.:

- Wie haben Sie das Projekt geplant?
- Wie haben Sie es durchgeführt?
- Wie haben Sie den Projektstaus kontrolliert?
- Welche Probleme gab es und wie sind sie damit umgegangen?
- Welche Konflikte gab es und wie haben Sie die gelöst?

Zum Schluss lässt man sich das Ergebnis schildern:

- Wurden die Projektziele erreicht?
- Welche messbaren Ergebnisse gab es?
- Wie war die Akzeptanz des Projekts?

In der Interviewsituation muss man relativ häufig nachfragen, um Details zu erfahren. Hier sollte man auf gar keinen Fall aus falsch verstandener Höflichkeit sich mit ungenauen Angaben zufriedengeben. Man sollte auch höflich klarstellen, dass es sich hier nicht um ein Stressinterview handelt, sondern dass man die detaillierten Informationen für die Entscheidung benötigt. Das Ergebnis ist nur dann für die Entscheidungsfindung hilfreich, wenn es detailliert darlegt, was die Situation war, wie das Verhalten und das Ergebnis waren. Wird es nur angedeutet oder der Bewerber schweift in hypothetische Aussagen ab, so handelt es sich nicht um eine korrekte Abfrage des Verhaltensdreiecks. Man kann diese Technik vor allen in teilstrukturierten Interviews sehr gut anwenden, da man diese Fragen auch standardisieren kann, so z. B. „Was war ihre erfolgreichste Situation als Führungskraft" oder „Was war ihre schwierigste Situation". Durch die detaillierte Beschreibung wird es auch sehr schwierig die Unwahrheit zu sagen, denn niemand kann sich im Vorfeld so detailliert auf die Fragen vorbereiten.

4.6 Das Interview

> **Beispiel**
>
> *Interviewer:* Könnten Sie mir bitte ein Beispiel für eine besonders schwierige Führungssituation nennen?
>
> *Bewerber:* Bei der Firma XY musste ich eine vollkommen zerstrittene Abteilung übernehmen.
>
> *Interviewer:* Könnten Sie mir bitte etwas genauer erklären, was die Probleme waren?
>
> *Bewerber:* Ein Problem war, das sich drei Mitarbeiter ebenfalls auf die Stelle beworben hatten und daher auf mich nicht gut zu sprechen waren. Ich hatte mich damals etwas darüber geärgert, dass man mir das nicht gesagt hatte und mich sozusagen ins offene Messer hat rennen lassen.
>
> *Interviewer:* Das klingt für mich jetzt eher nach einem Konflikt zwischen Ihnen und der Gruppe.
>
> *Bewerber:* Das war sicher ein Aspekt. Aber es gab auch untereinander Probleme. Das Team hat sich in zwei Lager geteilt. Das eine scharte sich um eine sehr dominante Kollegin, die grundsätzlich versuchte, ihren Kopf durchzusetzen. Die andere Gruppe gehörte zu einem Mann, der schon sehr lange in der Firma war und nichts verändern wollte. Sie wurde in Besprechungen auch öfter laut, er hingegen ist überhaupt nicht offen in Konflikte gegangen, sondern hat hintenrum versucht, Menschen zu demontieren. Das ist ihm in einem Fall auch gelungen. Ein Kollege hätte eine Projektleitung übernehmen sollen und er hat das verhindert. Das war sehr unschön. Einig waren sie sich nur in der Ablehnung meiner Person.
>
> *Interviewer:* Sie hatten also eine fragmentierte Abteilung, die dann auch noch gegen Sie gearbeitet hat?
>
> *Bewerber:* So war das. Ich habe mir dann alles eine Weile angeschaut und Gespräche mit den Personen gesucht. Die aggressive Frau habe ich zunächst ermahnt und ihr klar und deutlich gesagt, welches Verhalten ich akzeptabel finde und welches nicht. Ich habe sie dann auch konsequent abgemahnt und sie hat das Unternehmen dann auch verlassen. Das war aus zwei Gründen gut: zum einen war ein Teil des Problems damit gelöst und zum anderen konnte ich einen Mitarbeiter der Abteilung dadurch befördern. Das war an dem Punkt ein wichtiges Signal.
>
> *Interviewer:* Wie sind denn die Gespräche mit der Frau verlaufen?
>
> *Bewerber:* Ich bin sehr ruhig geblieben. Ich habe ihr konsequent Feedback gegeben und mich nicht provozieren lassen. Ich glaube, dass sie das am meisten geärgert hat.
>
> *Interviewer:* Sie haben also hart durchgegriffen?
>
> *Bewerber:* Ja, das fand ich auch angemessen, weil sie einfach viele gesellschaftliche Spielregeln verletzt hat. Aber es war nicht so, dass ich hier ein Exempel statuiert hätte. Für mich wäre es auch okay gewesen, wenn sie geblieben wäre und ihr Verhalten geändert hätte.
>
> *Interviewer:* Und wie ging es dann weiter?

Bewerber: Zu diesem Zeitpunkt habe ich dann von der Geschichte mit der Projektleitung erfahren. Ich habe dann zuerst ein Gespräch mit dem Mitarbeiter geführt, der sie nicht bekommen hat. Ich habe ihm gesagt, dass ich in der Sache den Vorgang nicht beurteilen kann, aber nicht damit einverstanden bin, wie das gelaufen ist und dass es so etwas künftig auch nicht mehr geben wird. Dem anderen habe ich dann das gleiche erzählt.

Interviewer: Und wie ist ein derart konfliktscheuer Mensch damit umgegangen?

Bewerber: Er hat natürlich versucht, sich herauszuwinden. Aber ich hatte mich gut informiert und konnte seine Ausflüchte widerlegen.

Dieses Beispiel zeigt, wie mit einer konsequenten Anwendung der Abfrage des Verhaltensdreiecks viele und präzise Informationen gesammelt werden können. Diese Fragetechnik ist dann besonders effektiv, wenn sie durch Informations-, Verständnis- und Begründungsfragen ergänzt werden. Der daraus resultierende notwendige Detaillierungsgrad der Antworten macht es auch fast unmöglich, die Unwahrheit zu sagen oder ökonomisch mit der Wahrheit umzugehen. In der Realität kommt es natürlich immer wieder vor, dass Antworten oberflächlich bleiben oder aber der Kandidat versucht, sich in hypothetische Aussagen zu flüchten. In diesem Fall empfiehlt es sich, aus dem eigentlichen Gespräch auszusteigen und über das Gespräch zu reden, indem man das Problem offen anspricht und klarmacht, welche Konsequenzen dies für das Gespräch hat.

Die Problematik der Critical Incident Methode im Interview liegt darin, dass sie eine hohe Validität hat und stringent aus tatsächlichen Anforderungen abgeleitet wird. Aber im Soll-/Ist-Abgleich funktioniert sie allerdings nur bei Personen mit entsprechender Berufserfahrung. Wie bereits aufgezeigt, hat das Ausweichen auf das private Umfeld nur eine sehr eingeschränkte Validität und auch hypothetische Fragen können bestenfalls ein Problembewusstsein oder ein Verständnis herausarbeiten. Insofern stößt die Methode bei Menschen mit geringer Berufserfahrung an ihre Grenzen. In einem späteren Kapitel werden Methoden aufgezeigt, um Auswahlverfahren für diese Zielgruppe mit Testverfahren und Assessment-Center-Methoden zu gestalten.

4.6.4 Fragen des Bewerbers

Wie bereits erwähnt, verfolgt das Interview zwei wesentliche Ziele. Das eine ist es, möglichst viele für den Entscheidungsprozess relevante Informationen über den Bewerber zu sammeln. Das andere ist, dass der Bewerber selbst möglichst viele Informationen über Stelle und Firma sammeln kann, um so zu einer abgewogenen Entscheidung zu kommen. Nicht nur der Auswählende kann falsche Entscheidungen treffen, sondern auch der Bewerber. Da das Ergebnis für das Unternehmen letztlich das gleiche ist, besteht also ein großes Interesse daran, dass der Kandidat möglichst gut informiert wird. Daher gilt – wie in einem guten Verkaufsgespräch –, dass der Hauptredeanteil beim Bewerber liegen sollte. Obschon zu Beginn des Interviews relevante Informationen kommuniziert werden, sollte später noch Zeit für Fragen des Bewerbers sein. Hierfür muss ausreichend Zeit geplant werden, damit dies nicht unter Zeitdruck stattfindet oder der Bewerber aus falsch verstandener Höflichkeit seine Fragen nicht stellt. Ein weiterer Aspekt der Fragen des Bewerbers ist, dass sie Auskunft über einige entscheidungsrelevante Themen geben können. So kann man sofort erkennen, wie der Bewerber sich auf das Gespräch vorberiet hat. Wie gut hat er die Stellenanzeige analysiert und wie intensiv hat er die Firma recherchiert? Kennt der Kandidat die Branche und aktuelle Entwicklungen? Hat er ein Bewusstsein für neue Herausforderungen oder Konflikte, die sich ergeben können? Insofern sollte man etwa ¼–1/3 der Zeit für Fragen des Bewerbers reservieren. Grundsätzlich empfiehlt es sich, bei der Vorstellung von Stelle und Firma bewusst Fragen offen zu lassen, um zu prüfen, ob der Kandidat erkennt, dass die Beantwortung dieser Fragen Grundbedingung für eine Entscheidung seinerseits ist. Es kommt nicht selten vor, dass der Bewerber keine Fragen hat oder zu haben glaubt. Das ist schwer zu bewerten, denn der Gesprächsverlauf ist selten so, dass alle Fragen beantwortet sind. Wie man dies einordnet, hängt sicher vor allem von der Komplexität der Stelle ab. Bei einer Reinigungskraft z. B. sollte man diese Dinge dann von selbst aus ansprechen. Handelt es sich jedoch um eine Stelle, die eigenständige Entscheidungen und die Übernahme von Verantwortung beinhaltet, muss man entscheiden, wie man es bewertet, dass ein Bewerber in diesem Fall eine Entscheidung ohne alle notwendigen Informationen trifft. Daher sollte man dem Bewerber auf jeden Fall anbieten, dass man für Rückfragen zur Verfügung steht.

Literatur

Aronson. E. (2014). *Sozialpsychologie*. Halbergmoos: Pearson.
Gordon, T. (1989). *Manager-Konferenz*. München: Heyne.
Schaub, G.; Koch U. (2014) Arbeitsrecht von A-Z. DTV München.
Schuler, H. (2014). *Psychologische Personalauswahl*. Göttingen: Hogrefe.
Werner, A. (2004). *Personalmarketing*. Sternenfels: Wissenschaft & Praxis.

Einsatz von Testverfahren 5

Zusammenfassung

Testverfahren erfreuen sich großer Beliebtheit bei der Personalauswahl. Die meisten psychologischen Testverfahren sind nicht zur Auswahl geeignet, da sie auch nicht zu diesem Zweck entwickelt wurden. Doch selbst seriöse Verfahren erfordern die Erarbeitung komplexer Sollprofile, sodass der Aufwand in den meisten Fällen nicht gerechtfertigt ist. Leistungstests können eine sinnvolle Ergänzung in einem mehrstufigen Auswahlverfahren sein. Zu beachten ist jedoch, dass die gewählten Kriterien auch tatsächlich für die Stelle relevant sind und dass diese Tests regelmäßig aktualisiert werden. Intelligenztests sind ebenfalls wenig tauglich, da es kaum eine taktvolle Möglichkeit zur Rückmeldung beim Nichtbestehen gibt. Da Testverfahren zu einer negativen Validität im Entscheidungsprozess führen können, ist es wichtig, dass diese ausschließlich von geschulten Anwendern verwendet werden. In der Regel sind dies Psychologen, die auch für den jeweiligen Test zertifiziert sind. Da sich in der Branche sehr viele unseriöse Anbieter tummeln, empfiehlt es sich, Test und Anbieter genau zu prüfen. Auch dies sollte nur ein Experte tun. Verfahren wie Physiognomie, Grafologie u. ä. entbehren jeglicher wissenschaftlicher Grundlage und sind nicht zur Personalauswahl geeignet.

Man unterscheidet zwischen verschiedenen Arten von Testverfahren, die davon ausgehen, dass es stabile Eigenschaften gibt, die Menschen für bestimmte Berufe qualifizieren und die durch Testverfahren messbar sind. Es gibt die bereits erwähnten Persönlichkeitstests sowie Intelligenz-, Wissens- und Situational-Judgement-Tests (Vgl. Sarges 2013, S. 616 ff.). Grundsätzlich gilt, dass der Einsatz von Persönlichkeitstests bei der Personalauswahl in Deutschland deutlich kritischer gesehen wird als insbesondere im englischsprachigen Ausland (Vgl. Hossiep 2013, S. 593). Bei Intelligenz und Wissenstests gilt grundsätzlich, dass die Akzeptanz eines solchen Verfahrens mit beruflicher Erfahrung und Lebensalter der Kandidaten sinkt (Vgl. Süß und Beauducel 2013, S. 616) Grundsätzlich stellt sich bei Testverfahren immer die Frage nach der Reliabilität, also der Messgenauigkeit. Auf dem Buchmarkt finden sich zahlreiche Veröffentlichungen zum Thema Umgang mit Testverfahren für Bewerber. Besonders aktiv in diesem Bereich ist das Autorenteam Jürgen Hesse und Hans Christian Schrader. Beide verfassen seit Jahrzehnten Bewerbungsratgeber, die allerdings im Wesentlichen von der Prämisse ausgehen, dass jede Form des Auswahlverfahrens illegitim oder unseriös ist. Hierbei wird durchaus auch mit Angst vor diesen Instrumenten statt mit Aufklärung gearbeitet. Heißt ein Buch „Testknacker", so ist klar, dass es darum geht, Methoden zum Bestehen des Tests zu finden, die nichts mit der eigentlichen Intention des Tests zu tun hat. Tatsächlich gibt es allerdings auf dem Markt zahlreiche Testverfahren, die nicht valide und reliabel sind und manipuliert werden können. Im Folgenden werden Beispiele dafür genannt werden, dass es Tests gibt, bei denen das Verhältnis zwischen den geprüften Aspekten und der Eignung für eine Stelle nicht bewiesen ist.

Reliabilität bedeutet, dass man das Testergebnis durch Vorbereitung nicht beeinflussen kann, zumindest nicht in kurzer Zeit. Bei einem reliablen Test sollte die Quote des Bestehens bei erneuter Durchführung nach vorherigem Durchfallen also sehr gering sein. Reliabilität und Validität können auch durch unsachgemäße Anwendung oder mangelnde Weiterentwicklung der Testverfahren negativ beeinflusst werden. Auch wenn in den folgenden Kapiteln einige Fragen in Bezug auf die Tauglichkeit von Testverfahren zur Personalauswahl aufgeworfen werden, so haben sie dennoch eine grundsätzliche Berechtigung, die nicht infrage gestellt werden soll. Sie können eine sinnvolle Ergänzung in multimodalen Auswahlverfahren sein und vor allem bei berufsunerfahrenen Kandidaten wichtige Informationen liefern.

5.1 Persönlichkeitstests

Wie bereits aufgezeigt wurde, ist ein Zusammenhang zwischen Persönlichkeit und beruflicher Eignung wissenschaftlich nicht nachgewiesen. Zudem weisen Statistiken darauf hin, dass der Einsatz von Persönlichkeitstests, selbst wenn sie mit der Absicht der Prüfung beruflicher Eignung entwickelt wurden, kaum eine signifikante Steigerung der Validität mit sich bringt. Hinzu kommt, dass der Markt sehr intransparent ist und es neben Testverfahren, die nicht zum Zweck der Eignungsdiagnostik entwickelt wurden, auch zahlreiche unseriöse Testverfahren gibt. Betrachtet man dazu noch, dass der den Test Durchführende meist für den Testeinsatz zertifiziert sein muss, so stehen die Kosten und das Risiko kaum im Verhältnis zum zu erwartenden Nutzen. Andere Arten von Testverfahren können jedoch durchaus sinnvoll in ein Auswahlverfahren eingebunden werden, insbesondere in die Phase der Vorauswahl.

5.2 Leistungstests

5.2.1 Intelligenztests

Grundsätzlich unterscheidet man in der neueren Forschung zwischen zwei Arten von Intelligenz, nämlich der fluiden und der kristallinen Intelligenz. Die Fluide Intelligenz ist angeboren und wird nicht von Umweltfaktoren beeinflusst. Die Entwicklung verändert sich im Laufe des Lebens nicht. Die Kristalline Intelligenz ist eine Kombination aus Fluider Intelligenz und Bildung, also das Ergebnis von Lernprozessen. Zur Kristallinen Intelligenz gehören Aspekte wie verbale, numerische und mechanische Fähigkeiten. Sie ist stark kulturabhängig (Vgl. McGrew 2005, S. 136 ff.). Allerdings muss man festhalten, dass Intelligenz an sich in der Wissenschaft kein eindeutig definiertes Konstrukt ist (Vgl. Schuler 2014, S. 87 ff.) und folglich auch der Begriff IQ unter dem „vielfach unqualifizierten öffentlichen Umgang" (Schuler 2014, S. 162) leidet, weshalb die Wissenschaft heute zu anderen Bezeichnungen neigt. Daher existieren eine Vielzahl von Testverfahren, die von unterschiedlichen Prämissen ausgehen und deren Ergebnisse daher auch nicht vergleichbar sind (Vgl. Süß und Beauducel 2013, S. 619).

Hier zeigen sich bereits einige Problemfelder beim Einsatz von Intelligenztests in der Personalauswahl. Misst man die Fluide Intelligenz, so ist das Ergebnis ein sogenannter Intelligenzquotient (IQ) oder g (general intelligence) (Vgl. Schuler 2014, S. 162). Zum einen dürfte es für den Laien fast unmöglich sein, im Arbeitsumfeld zu definieren, welche Art von Intelligenz nun in welcher Ausprägung benötigt wird. Zum anderen ist der IQ oder g in der Kristallinen Intelligenz eine unveränderbare Größe. Ein konstruktives oder nicht verletzendes Feedback aus einem solchen Testverfahren an den Bewerber ist jedoch kaum möglich. Hinzu kommt, dass Testverfahren ständig aktualisiert werden müssen und sichergestellt sein muss, dass mit der aktuellsten Fassung gearbeitet wird. Außerdem werden viele, jedoch nicht alle, Testverfahren in einem kulturellen Kontext entwickelt (Vgl. Süß und Beauducel 2013, S. 619), erheben jedoch den Anspruch etwas Kulturunabhängiges abzuprüfen. Damit sind sie nur sehr begrenzt valide. Will man also tatsächlich sprach- und kulturübergreifende Aussagen generieren, so stellt dies hohe Ansprüche an die Testgestaltung. In der Vergangenheit wurde z. B. häufig die Intelligenz von Kindern mit Migrationshintergrund zu niedrig bewertet, da Teile des Tests auf Sprache basierten und man tatsächlich die Sprachkompetenz der Kinder gemessen hat. Eine ähnliche Thematik findet sich heute bei der Eignungsdiagnostik für Flüchtlinge, deren kognitive Fähigkeiten ja losgelöst von Sprache getestet werden müssen. Ebenso wurden früher Kinder mit stark dialektaler Prägung als weniger intelligent betrachtet, da sie beim Verfassen von Freitexten die Regeln ihres Dialekts anwendeten und nicht die der Hochsprache. Schließlich stellt sich auch die Frage nach der richtigen Anwendung. Setzt man einen Test z. B. nach einem 8 stündigen ac ein, so misst man nicht die Intelligenz des Probanden, sondern seine Konzentrationsfähigkeit. Dies alles soll nicht heißen, dass der Versuch Intelligenz zu messen sinnlos wäre oder gar, dass alle Test unseriös sind. Aber die Thematik ist sehr komplex und daher kaum verantwortungsbewusst in ein

Auswahlverfahren einzubauen. Die hohe Komplexität der Fragestellung führt auch dazu, dass der Aufwand einer sachgemäßen Anwendung sehr hoch wäre und der zusätzliche Nutzen eher gering einzuschätzen ist. Verfahren zur Messung der Intelligenz haben ihre Berechtigung (z. B. bei der Prüfung von Studierfähigkeit) und auch die Fragestellung nach verschiedenen Modellen der Intelligenz ist wichtig. Beide gehören jedoch in die Hände klinischer Psychologen und Wissenschaftler, nicht jedoch in die betriebliche Eignungsdiagnostik.

5.2.2 Wissenstest

Wissenstest messen also die Kristalline Intelligenz, das Endprodukt eines Bildungs- und Ausbildungsprozesses in Verbindung mit Fluider Intelligenz. Diese Art von Testverfahren ist besonders gut bei Positionen geeignet, die ein klar umrissenes Fachwissen erfordern und bei Menschen mit wenig Berufserfahrung. Ein Beispiel für ein solches Testverfahren sind Studierfähigkeitstest wie Hochschulen sie durchführen. Viele Hochschulen setzen grundsätzlich das Abitur als Eingangsvoraussetzung für das Studium fest. Jedoch bieten sie auch Menschen mit Fachhochschulreife oder einschlägiger Berufserfahrung die Möglichkeit zum Studium an. Allerdings hat die Erfahrung gezeigt, dass die Quote der Studienabbrecher in dieser Zielgruppe höher ist als unter den Abiturienten. Daher führen zahlreiche Hochschulen in Zusammenarbeit mit dem Bonner Beratungsinstitut ITB einen Eignungstest für das Studium durch. Abgeprüft werden die Kenntnisse im Bereich des Deltas zwischen den am Gymnasium erworbenen Wissen und dem auf anderen Bildungswesen erarbeiteten. Daher liegt der Schwerpunkt des Tests auf der Mathematik und dort insbesondere auf der Stochastik (Wahrscheinlichkeitsrechnung). Das Beispiel zeigt bereits, dass ein solcher Test jedoch nur dann Sinn macht, wenn man genau weiß, welches Wissen für die betreffende Stelle relevant ist. Ein Unternehmen der Baubranche fragt in einem Einstellungstest für das Duale Studium (BWL) zum Beispiel nach Dramen von Goethe. Zum einen ist dies wohl kaum relevant für den Erfolg im Studium oder später im Beruf. Zum anderen gibt es auch keinen Nachweis darüber, dass eine gute Allgemeinbildung mittelbar eine Auswirkung auf beruflichen Erfolg hat. Insofern muss man genau darauf achten, dass der Test auch tatsächlich Anforderungsmerkmale der zu besetzenden Stelle erfasst. Daher ist es fraglich, ob man mit Lösungen von der Stange oder selbst entwickelten Tests arbeiten kann. Seriöse und erfahrene Testanbieter verfügen in der Regel über Testbatterien, aus denen man dann maßgeschneiderte Testverfahren zusammenstellen kann. Eine weitere Problematik liegt wie bei Intelligenztests in der Notwendigkeit der stetigen Aktualisierung. Geht es um technische Berufe bzw. Ausbildungen müssen Veränderungen in Lehrplänen berücksichtigt werden. Aber auch die generelle Aktualisierung ist wichtig. Oben genanntes Unternehmen hatte im Auswahltest die Frage, was in § 218 Strafgesetzbuch geregelt ist. Wie bei der Frage nach den Dramen von Goethe stellt sich in erster Linie natürlich die Frage nach der Relevanz. Aber vor allem ist zu berücksichtigen, dass diese Frage bei der Generation der Teilnehmer gar nicht mehr zur Allgemeinbildung gehört, denn nach der Einführung der Fristenregelung im Jahr 1998 war die gesetzliche Regelung zur Strafverfolgung von Schwangerschaftsabbrüchen kaum noch in den Medien. Es ist also unwahrscheinlich, dass ein 18–20 jähriger Mensch diese politische Debatte überhaupt noch kennt.

In der Summe lässt sich festhalten, dass diese Art von Test sehr sinnvoll sein kann, wenn so wenig berufliche Erfahrung vorhanden ist, dass ein biografisches interview nach der Critical Incident Methode wenig Aufschluss über berufliche Eignung liefert. Zu berücksichtigen sind jedoch die Schwierigkeit bei der Definition relevanter Kriterien und der stetige Pflegebedarf solcher Testverfahren.

5.2.3 Situational Judgement Tests (SJT)

Bei einem SJT handelt es sich um eine Sonderform des Leistungstests. Diese Art von Test versucht, bestimmte Fähigkeiten und Fertigkeiten zu messen und zu bewerten. Hierbei kann es sich um allgemeine oder spezielle Anforderungen handeln. Allerdings ist die Validität dieses Instruments in Bezug auf berufliche Eignung, das dem Wesen nach Ähnlichkeiten zu Intelligenz- und Wissenstests aufweist sehr umstritten (Vgl. Becker 2002, S. 276). Zu den Leistungstests gehören z. B. Aufmerksamkeits- und Belastungstests, in denen ein Reiz (z. B. ein Ton oder eine Form) wiedererkannt werden oder aber es müssen Dinge hergestellt werden (z. B. nachbiegen einer Drahtform). Im klinischen Bereich haben solche Testverfahren durchaus ihre Berechtigung. So führt man z. B. eine Pupilographie durch, um die Konzentrationsfähigkeit von Patienten mit Schlafstörungen zu testen. Medizinisch ist das eine wichtige Erkenntnis, die für die Diagnose und die folgende Therapie von großer Bedeutung.

Im SJT werden Aufgaben gestellt und mehrere Lösungen angeboten, von denen es richtige und falsche gibt. Der Teilnehmer muss nun diese Situation analysieren und eine Entscheidung treffen. Für richtige und falsche Antworten werden Punkte vergeben und die Höhe der Gesamtpunkte entscheidet über Bestehen oder Nichtbestehen. Letztlich bewegt diese Form des Tests sich zwischen Leistungstest und Persönlichkeitstest. Genau hier zeigt sich jedoch schon die große Schwäche dieses Instruments. Man kann daraus zwar ableiten, wie jemand sich verhalten würde oder ob er die sozial erwünschte Antwort erraten kann. Das Ergebnis besagt jedoch nicht, ob jemand sich tatsächlich so verhalten wird oder die Fähigkeiten und Fertigkeiten hat, sich so zu verhalten, wie er es für richtig erachtet. Vor einigen Jahren benutzte die Metropolitain Police in London (Scotland Yard) eine Onlineversion eines solchen Tests zur Vorauswahl. Wissend, dass Bewerber oft vollkommen falsche Vorstellungen von der Aufgabe haben, die eher von Fernsehserien denn von der Realität geprägt sind, lag der Schwerpunkt der Fragen im Bereich des Verhaltens. Immer wieder wurde abgefragt, ob der Kandidat risikoreiches Eingreifen oder aber Absichern und abgewogenes handeln nach Kenntnis der Sachlage als Strategie in konkreten Situationen wählen würde. Ist man sich bewusst, welches Ziel der Test verfolgt, ist es ein leichtes die erwünschten Antworten zu geben. Der Verkauf solcher Tests ist für viele Berater ein lukratives Geschäftsmodell. Für den Nutzer scheint das Instrument zunächst attraktiv zu sein, weil es bei überschaubare Kosten ein fundiertes Instrument zu sein scheint. Doch wie auch bei allen anderen Testverfahren gilt, dass es keine allgemeingültigen Methoden gibt und Validität von beobachtbar gemachtem Verhalten höher ist, als generalistische Aussagen. Wenn man ein solches Verfahren seriös einsetzen will, dann muss dem zunächst eine klare Anforderungsanalyse zugrunde liegen. Es müssen klar erwünschte wie auch unerwünschte Verhaltensweisen definiert werden. Daraus werden dann die Situationen bzw. Verhaltensbeispiele entwickelt. Diese werden dann in einem pre-test erprobt und ggf. angepasst. Dann muss der Test in einer größeren Stichprobe angewandt und evaluiert werden. Hier zeigt sich, dass der Aufwand sehr hoch ist. Insofern stellt sich die Frage jenseits der Validität, bei welchem Mengendurchsatz ein solches Verfahren sich rechnet. Erarbeitet man es nicht mit dem notwendigen Aufwand, wird man durch ein solches Verfahren Dysfunktionalitäten in den Auswahlprozess tragen. Wie für alle Auswahlverfahren gilt auch hier, dass es mehr Schaden als Nutzen bringt, wenn man es nicht in der angemessenen Qualität durchführt.

Kanning weist ausdrücklich darauf hin, dass aktuelle Studien zwar durchaus positive Aspekte dieses Instrumentariums belegen. Jedoch sieht er ein wesentlich effektiveres Einsatzfeld in der Personalentwicklung (Vgl. Kanning 2013, S. 641).

Literatur

Becker, M. (2002). *Personalentwicklung*. Stuttgart: Schäffer-Poeschel.
Hossiep, R. (2013). Explizite Maße. In W. Sarges (Hrsg.), *Management Diagnostik* (S. 592 ff.). Göttingen: Hogrefe.
Kanning, U. (2013). Situational judgement tests. In W. Sarges (Hrsg.), *Management Diagnostik* (S. 637 ff.). Göttingen: Hogrefe.
McGrew, K. S. (2005). The Catell-Horn-Carroll theory of cognitive abilities. In D. Flanagan & P. Harrison (Hrsg.), *Contemporary intellectual assessment* (S. 136–181). New York: Guilford Press.
Sarges, W. (2013). Interview. In W. Sarges (Hrsg.), *Management Diagnostik* (S. 575 ff.). Göttingen: Hogrefe.
Schuler, H. (2014). *Psychologische Personalauswahl*. Göttingen: Hogrefe.
Süß, H., & Beauducel, A. (2013). Intelligenztests. In W. Sarges (Hrsg.), *Management Diagnostik* (S. 616 ff.). Göttingen: Hogrefe.

Multimodale Auswahlverfahren 6

> **Zusammenfassung**
> Jedes Auswahlverfahren hat eine begrenzte Aussagekraft, weil es in der Beurteilung von Menschen durch Menschen immer zu Unschärfen kommt. Die Validität lässt sich nur durch ein Hintereinanderschalten verschiedener Auswahlverfahren steigern. Man spricht hier von multimodalen Auswahlverfahren. Das wohl bekannteste Verfahren dieser Art ist das Assessment-Center. In der Realität wird dieses Verfahren wegen Unkenntnis vieler Anwender häufig unsachgemäß eingesetzt, was zu einer schlechten Auswahlqualität führt. Grundsätzlich sollte ein solches Verfahren nur dann eingesetzt werden, wenn es für einen spezifischen Auswahlprozess entwickelt und von einem Experten durchgeführt wird. Hier bietet sich in den meisten Fällen die Zusammenarbeit mit einem externen Dienstleister an. Ferner gibt es eine ganze Reihe von Qualitätskriterien, die bei der Implementierung, Konzeption und Durchführung eines Assessment-Centers zu berücksichtigen sind. Dazu gehören die Verankerung im Unternehmen, eine klare Zielsetzung, kompetente und geschulte Beobachter in ausreichender Zahl, eine Mischung verschiedener für die Auswahl geeigneter Übungstypen und die professionelle Durchführung. Da der Aufwand sehr hoch ist und bei unsachgemäßer Anwendung der gesamte Auswahlprozess beschädigt wird, ist von einem Einsatz abzuraten, wenn man nicht die notwendigen Ressourcen zur Verfügung hat.

6.1 Validitäten

Wie bereits erwähnt, hat jedes einzelne Auswahlverfahren eine statistische Validität, die ab einem bestimmten Punkt nicht mehr gesteigert werden kann. Bei falscher Anwendung kann die Validität eines Verfahrens auch sinken und das an sich valide Verfahren kann dadurch weniger aussagekräftig sein als ein Verfahren mit einer statistisch niedrigeren Validität. Man kann jedoch die Validität eines Auswahlverfahrens dadurch steigern, dass man mehrere verschiedene Auswahlmethoden kombiniert. Man redet dann von multimodalen Verfahren. Das wohl bekannteste Verfahren ist das Assessment-Center. Die Validität des Assessment-Centers ist nicht unumstritten. Je nach Studie kommen sehr unterschiedliche Werte dabei heraus (Vgl. Scherm 2013, S. 738 f.). Wie auch der Einsatz von psychologischen Testverfahren ist auch das Assessment-Center für viele eine Frage der Philosophie. Problematisch ist allerdings grundsätzlich, dass das Assessment-Center ein Instrument ist, das Schwächen sehr deutlich sichtbar macht (Vgl. Liebel et al. 1996, S. 755) und die Prüfungssituation dazu führen kann, dass die Momentaufnahme eben nicht der Realität entspricht. Es ist daher unmöglich, herauszufinden, wie viele eigentlich geeignete Kandidaten man eventuell zu Unrecht aussortiert hat. Dennoch ist es unumstritten, dass bei sachgemäßer Anwendung des Instruments eine Vielzahl von Informationen geschaffen werden, die zu einer ganzheitlichen Sicht des Bewerbers führen in einen Entscheidungsprozess einfließen können. Grundsätzlich kann man davon ausgehen, dass ein Mehr an verlässlichen Informationen zu einer besseren Entscheidungsqualität führt. Im Prinzip kann man dies mit der Zeitreihenanalyse aus der Statistik vergleichen, mit der man Prognosen für die Zukunft erstellen kann. Hierbei hat man zwei bekannte Faktoren (Trendwert = bekannte Gesetzmäßigkeiten und Saisonwert = saisonale Schwankungen) und einen Restwert. Eine Prognose wird umso genauer, je kleiner dieser Restwert ist und desto größer die bekannten Faktoren sind. Es geht also bei multimodalen Verfahren darum, möglichst viele relevante Informationen zu sammeln. Die Betonung liegt dabei jedoch auf „relevant", denn wie bei einer statistischen Berechnung führt es zu einem falschen oder zu keinem eindeutigen Ergebnis, wenn irrelevante Faktoren einbezogen werden. Insofern kann die Validität also durch zu viele nicht relevante Informationen sinken. Gerade deshalb ist es wichtig, dass ein solches Verfahren professionell geplant und durchgeführt wird.

Allerdings muss man feststellen, dass gerade das Assessment-Center in der Realität nicht selten unsachgemäß angewandt wird und dadurch dann auch zu falschen Entscheidungen führt. Wenn man ein solches Instrument unsachgemäß verwendet, ist es sinnvoller ganz darauf zu verzichten. Gründe für die falsche Anwendung liegen häufig darin, dass solche komplexen Auswahlverfahren nicht von Experten entwickelt und durchgeführt werden, sondern im „do-it-yourself" Verfahren konzipiert und unsachgemäß durchgeführt werden. Hierbei wird dann ohne klare Anforderungsprofile gearbeitet, es existieren keine klar definierten Kompetenzen, Beobachtung und Bewertung werden nicht sauber getrennt oder aber die Beurteilung erfolgt nicht durch Führungskräfte, sondern durch die Personalabteilung. Das größte Problem ist jedoch die Konzeption der Übungen. In vielen selbst konzipierten Assessment Centern sind die Übungen nicht job- bzw. anforderungsbezogen, weil dem Personaler auch die Kenntnisse fehlen. Daher werden dann gern z. B. Übungen aus dem Teamtraining als Übungstypen eingesetzt. Beliebt ist es z. B., Teilnehmer in einer Gruppe eine Giraffe aus Zeitungspapier bauen zu lassen. Es dürfte jedoch sehr wenig Berufe geben, in denen das bauen von exotischen Tieren aus Papier tatsächlich relevant ist. Auch wenn diese Übung für das Training sicher als Einstieg geeignet ist, kann man nichts bis sehr wenig über berufliche Eignung oder Teamverhalten im beruflichen Kontext daraus ableiten.

6.2 Das Assessment-Center

Der Grundgedanke des Assessment-Centers besteht darin, durch verschiedene Aufgabentypen Anforderungen des Berufs zu simulieren und mittels definierter Kompetenzen zu bewerten. Im Unterschied zu Testverfahren ist die Basis eines Assessment-Center also beobachtbares Verhalten und es erhebt auch nie den Anspruch, eine allgemein gültige Aussage über einen Bewerber zu treffen. Vielmehr kommt das Assessment-Center nur zu einer Bewertung einer konkreten Situation in einem konkreten Kontext, d. h. es kann und darf auch nie den Anspruch erheben, mehr als eine Momentaufnahme zu sein. Das ist in der Tat auch ein Kritikpunkt, der häufig angeführt wird, insbesondere von Teilnehmern, die nicht bestanden haben. Sicher ist die Kritik berechtigt, aber trotzdem ist die Validität höher als bei jedem anderen Auswahlverfahren. Trotzdem muss man berücksichtigen, dass man nicht unbedingt nur die Kompetenzen beobachtet, sondern dass auch die Vertrautheit des Teilnehmers mit dem Instrument das Ergebnis beeinflusst. Insofern muss man bei der Bewertung von Kandidaten immer berücksichtigen, wie die individuelle Entwicklungshistorie aussieht. Hinzu kommt, dass das Instrument aufgrund der leider viel zu häufigen falschen Anwendung auch von Teilnehmer häufig kritisch gesehen wird bzw. angstbelastet ist. Daher sollte man auch genau prüfen, ob man selber die qualitativen Ressourcen hat, um ein solches Verfahren durchzuführen und wenn man mit externen Anbietern arbeitet, welche Qualifikationen diese haben. Grundsätzlich ist es auch rechtlich so, dass psychologische Testverfahren eigentlich nur von diplomierten Psychologen durchgeführt werden dürfen (Vgl. Arnold 2013, S. 61). In der Realität tummeln sich jedoch eine Vielzahl von Beratern, Coaches etc., die ohne die notwendige Qualifikation solche Verfahren anbieten und durchführen. Hier ist sehr große Vorsicht angebracht und man sollte auch tatsächlich sehr genau auf die formalen Qualifikationen des Anbieters achten.

In der Summe lässt sich festhalten, dass das Assessment-Center ein sinnvolles Instrument ist, um Kompetenzen sichtbar zu machen und beobacht- und beschreibbares Verhalten als Grundlage für eine Auswahl zu schaffen. Aber kein Instrument kann der Führungskraft die Entscheidung abnehmen, sondern nur eine Grundlage für eine qualifizierte Entscheidung schaffen. Eine bestimmte numerische Bewertung der Kandidaten durch Beobachter hat eben nicht automatisch die Aussage „bestanden" oder „nicht bestanden" zur Folge. Hier gilt es einen individuellen Entscheidungsprozess zu gestalten, der alle Faktoren berücksichtigt. Daher hat die Führungskraft, die die Verantwortung für die Personalentscheidung trägt auch immer ein Vetorecht.

6.2.1 Definition

Es gibt keine rechtsverbindliche Definition des Begriffs Assessment-Center. Einerseits legt die DIN 33430 Standards für Eignungsdiagnostik vor, in der Qualifikation der Durchführenden, Anforderungen an die Übungen und die Dokumentation der Ergebnisse

(Vgl. Arnold 2013, S. 58 f.). Aber ebenso wie die „Standards der Assessment Center Technik" des Arbeitskreis Assessment Center e. V. hat die DIN Norm keinen rechtlich verbindlichen Charakter, sondern will Anhaltspunkte zur Differenzierung effektiver Auswahlinstrumente geben. Man kann sicherlich auch als Kritik anführen, dass beide Dokumente von Psychologen verfasst wurden und daher auch den Interessenkonflikt in sich bergen, dass sie die Position des Psychologen in der Auswahl stärken und damit natürlich auch eigene Interessen vertreten.

Daher soll im Folgenden eine deskriptive Definition gegeben werden, auf die die Ausführungen sich dann stützen. Ein Assessment-Center ist ein Auswahlverfahren, in dem durch mehrere Übungstypen Arbeitssituationen für konkrete Positionen oder aber Hierarchieebenen simuliert werden und der Teilnehmer durch mehrere Beobachter auf der Basis von operationalisierten Kompetenzen evaluiert wird. Diese Evaluationen sind eine Momentaufnahme, die keinen Anspruch auf Allgemeingültigkeit erheben und bilden die Basis für einen zeitnahen nachgelagerten Entscheidungsprozess. Teilnehmer an einem solchen Auswahlverfahren erhalten ein Feedback (Vgl. Arbeitskreis Assessment Center 2004).

Nimmt man diese Definition als Grundlage, so wird relativ schnell deutlich, dass vieles, was in der betrieblichen Personalarbeit als Assessment-Center bezeichnet wird, diesen Standards nicht entspricht. Dafür gibt es verschiedene Gründe, die im Folgenden aufgezeigt werden.

6.2.2 Aspekte professioneller Assessment-Center

Häufig wird ein Assessment-Center nicht in ein Gesamtkonzept zur Personalauswahl und/oder entwicklung einbezogen, sondern isoliert als Instrument eingesetzt, um vermeintlich genauer auszuwählen oder nach außen professioneller zu wirken. Ernst Fay weist jedoch ausdrücklich darauf hin, dass der mit der Einführung des AC Methode verbundene Aufwand sich vor allem durch die Multifunktionalität der Methode rechnet. Hierzu kann eine Marketingfunktion, Teamentwicklung, Personal- und Organisationsentwicklung u. a. liegen (Vgl. Fay 2002, S. 13 ff.).

Liegt jedoch keine genaue Auftragsklärung oder Einbindung in ein Gesamtkonzept vor, kann es sehr leicht zu Problemen kommen, weil Widerstände auftreten. Führungskräfte können sich unter Umständen „entmachtet" fühlen, wenn die Rolle der Personaler und der Personalentscheider nicht sauber voneinander abgegrenzt sind und der Eindruck entsteht, dass die Entscheidungen nicht mehr bei den Führungskräften liegen. Hier ist also zum einen die Kultur des Unternehmens, aber auch der Reifegrad der Führungskräfte zu berücksichtigen. Zur Kultur des Unternehmens gehört auch, wie viel Vertrauen Mitarbeiter einem solchen Verfahren entgegenbringen. Erleben sie die Teilnahme an einem solchen Verfahren als Strafe oder sind unsicher, wie mit den vertraulichen Informationen umgegangen wird? Diese Angst ist in einigen Organisationen auch tatsächlich nicht unberechtigt, da Assessment-Center häufig als Instrument zur Mitarbeiterförderung unter Umständen auch unter anderen Bezeichnungen angeboten werden, dann aber faktisch doch Auswahlverfahren sind. Ein Beispiel für nicht sachgemäße Einführung eines solchen Instruments ist ein mittelständisches Unternehmen, dessen Personalentwicklerin der Meinung war, „moderne" Instrumente der Personalarbeit einführen zu müssen, um so die Qualität zu verbessern. Es wurde jedoch kein Gesamtkonzept erarbeitet, sondern Instrumente wurden je nach Programm und Projekt eingesetzt. Für ein internationales Führungskräfteentwicklungsprogramm, das bereits daran krankte, dass keine eindeutigen Zielpositionen bzw. -ebenen definiert waren, wurde nun zum Auftakt ein „Development Center" angeboten. Den Teilnehmern war nicht bekannt, dass sie nicht bereits im Programm waren, sondern dass über das Instrument eine Auswahl erfolgte. Das hatte zwei Konsequenzen: zum einen gab es erhebliche Verstimmung bei den ausländischen Gesellschaften, weil ein Teil ihrer Leistungsträger demotiviert war. Auf der anderen Seite aber hatte die Personalentwicklung nicht das Recht in die Personalentscheidungen der jeweiligen Gesellschaften einzugreifen. Die Konsequenz war nun also, dass die Personen zwar befördert wurden, jedoch nicht an dem Programm teilnehmen durften, das sie auf weitere Führungsaufgaben vorbereiten sollte.

Als positives Beispiel kann ein großer Handelskonzern dienen. Hier fällte man im Kreis aller Personalvorstände die grundsätzliche Entscheidung, dass bestimmte Führungsebenen nur nach einem bestandenen Assessment-Center besetzt werden durften. Dies wurde auch konsequent weltweit umgesetzt. Es gab für diese Assessment-Centers auch nur einen Anbieter, sodass die Qualitätsstandards garantiert werden konnten. Wichtig war, dass die einzelnen Gesellschaften zu den zentral durchgeführten Assessment-Centers Führungskräfte als Beobachter entsenden musste. Das hatte den Effekt, dass die Führungskräfte einerseits immer die Möglichkeit hatten, ein Veto einzulegen, wenn sie „ihren" Kandidaten anders einschätzten. Zum anderen waren die Führungskräfte mit dem Instrument und dem Prozess vertraut. Ungelöst war allerdings das Problem, wie man mit internen Kandidaten umgehen sollte, die das Assessment-Center nicht bestanden hatten und die Zielposition daher nicht übernehmen konnten. Da dies dann als Gesichtsverlust erlebt wurde oder keine weiteren Entwicklungsalternativen vorhanden waren, führte dies zu Fluktuation.

Grundsätzlich verursacht ein Assessment-Center einen hohen Aufwand und auch hohe Kosten. Ist das Instrument nicht in der Organisation bzw. in einem Gesamtkonzept verankert, kann es seine Wirkung nicht entfalten und sogar kontraproduktive Konsequenzen haben. Daher ist ein Klärungsprozess vorzunehmen, in dem herausgefunden werden muss, ob es einen Business Case für den Einsatz eines solchen Instruments gibt. Das Ergebnis eines solchen Klärungsprozesses kann auch die Entscheidung sein, das Instrument nicht einzuführen (Vgl. Arbeitskreis Assessment Center, S. 4). Man darf sich aber auch nicht der Illusion hingeben, dass es mit der professionellen Durchführung des Instruments getan ist. Wählt man über ein Assessment-Center aus, so verändert dies in den meisten Organisationen die Entscheidungsprozesse. Personalentscheidungen werden transparenter und auch wenn sie eine Führungsentscheidung bleiben, doch auf mehrere Schultern verteilt. Daher ist die Kenntnis des Instruments und das Vertrauen in die

Qualität wichtig. Aber es ist ebenso wichtig, dass Führungskräfte eine positive Einstellung dazu haben. Folglich ist die Einführung von Assessment Centern letztlich ein Prozess des gewollten Wandels, der auf die Kultur der Organisation einwirkt. Dieser Prozess muss bewusst gestaltet und begleitet werden, so z. B. durch Informationen, Schulungen, Simulationen und Einbindung von Führungskräften in Konzeption und Durchführung. Zu beachten sind vor allem auch die Mitbestimmungsrechte des Betriebsrats und dessen rechtzeitige Einbindung (Vgl. Arnold 2013, S. 56 ff.). Im Übrigen muss auch der Proband seine Einwilligung zur Durchführung eines solchen eignungsdiagnostischen Verfahrens erklären. Daher ist es auch unter rechtlichen Aspekten wichtig, Teilnehmer gründlich über das Verfahren aufzuklären (Vgl. Arnold 2013, S. 61).

Leitfragen für die Auftragsklärung:

- Wie gestalten wir unsere Auswahlprozesse jetzt?
- Welche Stärken und welche Schwächen (quantifizierbar) treten dabei auf?
- Welche Chancen und welche Risiken ergeben sich daraus?
- Bringt eine Neugestaltung des Auswahlprozesses einen Mehrwert?
- Wie ist unsere Führungskultur in Bezug auf transparente Personalentscheidungen und Einbindung anderer Führungskräfte?
- Welche Ressourcen (extern & intern) benötigen wir, um ein Assessment-Center professionell durchzuführen?
- Welcher Nutzen steht den Kosten gegenüber?
- Für welche Zielgruppen wird das Assessment-Center durchgeführt (Ebenen, Funktionen, extern, intern)?
- Was muss gewährleistet sein, damit das Instrument bei allen Stakeholdern eine hohe Akzeptanz erfährt?
- Wie können wir Führungskräfte als Beobachter gewinnen und qualifizieren?
- Wie ist die Abgrenzung der Rollen von Personalentscheider, Beobachtern und Personalabteilung?
- Wie soll der Prozess bis zur Einladung zum Assessment-Center gestaltet sein (Interview, Vorgesetztenbeurteilung)?
- Wie soll der Feedbackprozess gestaltet werden?
- Wie gehen wir mit internen Kandidaten um, die nicht bestehen und trotzdem Leistungsträger sind?
- Wie sollen Kandidaten auf das Assessment-Center vorbereitet werden (inhaltlich/emotional)?
- Wie wird das Qualitätsmanagement gesichert (Verantwortlichkeit, Kosten)?
- Welchen Mehrwert können wir durch den Einsatz des Assessment-Centers generieren (Personalmarketing, Kompetenzzusatz in der Organisation, Talent Management)?

6.2.3 Planerische Vorbereitung

Wie bereits dargelegt, ist die klare Definition von Anforderungen Grundvoraussetzung für jede sinnvolle Form der Personalauswahl. Im Gegensatz zum Auswahlgespräch geht es im Assessment-Center nicht darum, Ableitungen über notwendige Qualifikationen aus der Vergangenheit zu tätigen, sondern vielmehr in einer Art Laborsituation Szenarien zu simulieren, in denen der Bewerber in Echtzeit beweisen kann, dass er die für die Stelle notwendigen Fähigkeiten, Fertigkeiten und Kompetenzen hat. Im Gegensatz zum klassischen Interview bietet das ac daher die Möglichkeit, stärker zu abstrahieren und die Kompetenzen in beobachtbares Verhalten zu übersetzen. Der Blick, der im Interview ja durch die Wahrnehmung des Kandidaten erfolgt kann so also ohne Filterwirkung erfolgen.

Grundsätzlich gilt jedoch, dass ein Assessment-Center nur dann valide Auskünfte zur beruflichen Eignung geben kann, wenn es einerseits kompetenzbasiert ist und andererseits aufgabenbasiert. Wie bei der Einführung des Instruments wird häufig nicht geplant, was genau man denn sichtbar machen will. Die Einstellung vieler Personaler ist, dass man „irgendwie" schon „irgendetwas" sichtbar machen kann, was die Qualität des Entscheidungsprozesses verbessert. Das kann jedoch zu falschen Entscheidungen führen, weil man relevante Dinge ausgeklammert hat oder rein schwächenorientiert beobachtet. Es besteht nämlich das Risiko, dass man, um den Aufwand zu minimieren, nur einen bestimmten Übungstyp einsetzt, meist nur in Gruppensituationen, weil diese einfach zu organisieren sind. Häufig sind das bei „hausgemachten" Assessment-Centers spielerische Übungen aus dem Teamtraining. Da nicht jeder Übungstyp geeignet ist, auch jede Kompetenz sichtbar zu machen, führt dies zu einer sehr einseitigen Betrachtungsweise der Kandidaten. Wenn z. B. ein Kandidat in einer Gruppensituation inhaltlich nichts beiträgt, kann man daraus keine Ableitung über seine kognitiven Fähigkeiten machen, weil die Ursache unter Umständen nur in der Schwierigkeit liegt, sich in einer Stresssituation in die Gruppe einzubringen. Auch das ist sicher eine wichtige Information für die Entscheidung, aber es ist eben nur eine Facette.

Folglich muss im ersten Schritt ein Anforderungsprofil entwickelt werden, in dem klar definiert ist, welche Kompetenzen für die Stelle erforderlich sind. Auch hier gilt, dass dies auf Basis der tatsächlichen Anforderungen passiert. Das Risiko liegt darin, dass entweder sozial erwünschte Ausprägungen der Kompetenzen formuliert werden oder aber dass der Personaler oder ein externer Berater seine eigenen Vorstellungen einbringt, die nicht zur Realität passen. Insofern muss ein Kompetenzmodell erarbeitet werden, das zu Firma und Stelle passt. Die Kompetenzen sind deshalb wichtig, weil sie auch ermöglichen Assessment-Centers bzw. Übungen nicht nur für eine konkrete Stelle zu gestalten, sondern z. B. für Funktionsbereiche oder Führungsebenen, da es auf einer abstrakten Ebene dort immer einen kleinsten gemeinsamen Nenner geben wird. Man kann sich bei der Konzeption solcher Kompetenzmodelle durchaus an existierenden Modellen wie z. B. dem KODE Kompetenzatlas orientieren, um einen Bezugsrahmen zu haben (Vgl. Heyse und Erpenbeck 2007).

Auf jeden Fall müssen Stakeholder aus dem Unternehmen in diesen Prozess eingebunden werden, damit die Anforderungen auch der Realität entsprechen. Klare Definitionen sind von größter Bedeutung, denn auch wenn ein Begriff scheinbar eindeutig belegt ist, kann er viele unterschiedliche Ausprägungen haben. Wenn jeder Beobachter nun mit seiner eigenen Vorstellung des Begriffs in den Beobachtungsprozess geht, sind die Ergebnisse nicht intersubjektiv nachvollziehbar. Wenn man den Begriff „Leadership" nimmt, wird sehr schnell klar, wie groß die Unterschiede sein können. In einem stark dezentral aufgestellten Unternehmen wie Media Markt werden an die Führungskraft vollkommen andere Anforderungen gestellt als z. B. bei einem zentralistischen, systemgetriebenen Discounter. Es gibt dabei kein „besser" oder „schlechter" nur in jeweiligen Kontext eine bessere oder schlechtere Passung auf die konkrete Aufgabe. Da nun auch jeder seine eigene Auffassung davon hat, was „gut" oder „schlecht" innerhalb dieses vorgegebenen Rahmens heißt, reicht es nicht eine reine Definition der Kompetenzen zu erarbeiten. Ein professionelles Assessment-Center benötigt daher ein Kompetenzmodell mit abgestuften Operationalisierungen, die mit einer Bewertungsskala verknüpft sind. Hierbei ist darauf zu achten, dass diese regelmäßig weiterentwickelt werden müssen, da sich ja auch die Organisation entwickelt und Anforderungen sich daher verändern. Zum anderen muss man auch darauf achten, dass diese Operationalisierungen an die jeweilige Zielposition angepasst sein müssen. Abschn. 3.3 hat ein solches Modell vorgestellt. Das konkrete Beispiel adressiert Führungskräfte im Vertrieb eines Baumarkts. Würde man das grundsätzliche Kompetenzmodell nun auch für die oberste Führungsebene anwenden, müssten die konkreten Operationalisierungen anders aussehen. Tätowierungen, Piercings etc. würden bei dieser Zielgruppe wahrscheinlich doch eine eher untergeordnete Rolle spielen. Passt man die Operationalisierungen von Schwierigkeitsgrad und Relevanz nicht an, besteht die Gefahr, dass man bei zu geringen Anforderungen keine sinnvolle Selektion betreibt und bei zu hohen Anforderungen geeignete Kandidaten aussiebt. An diesem Punkt zeigt sich auch deutlich, weshalb es sehr problematisch ist, mit allgemeinen Übungen zu arbeiten. Wenn man auf einer Kompetenzebene nun also das Soll definiert hat, muss natürlich die Übung vom Schwierigkeitsgrad her so gestaltet sein, dass sie für die jeweilige Zielgruppe lösbar ist. Das heißt nicht zwangsläufig, dass man für jedes Assessment-Center oder jede Zielgruppe zwangsläufig neue Übungen entwickeln muss. Arbeitet man mit einem renommierten externen Dienstleister zusammen, so sollte dieser über ein Archiv mit Übungen für unterschiedliche Zielgruppen verfügen, die dann adaptiert werden können. Der Berater wird natürlich versuchen aus Eigeninteresse möglichst hohe Kosten für die Konzeption in Rechnung zu stellen. Insofern empfiehlt es sich, bei der Auswahl eines Anbieters im Vorfeld zu prüfen, worauf dieser zurückgreifen kann und was tatsächlich individuell konzipiert werden muss.

Die differenzierte Formulierung der Anforderung macht jedoch nur dann Sinn, wenn die Teilnehmer im Vorfeld sinnvoll ausgewählt wurden und die Teilnehmergruppe möglichst homogen ist. Grundsätzlich sollte ein Assessment-Center nie der erste Schritt in einem mehrstufigen Auswahlverfahren sein, da das Risiko sehr groß ist, ungeeignete Kandidaten in das Verfahren einzubinden. Zum einen hat dies natürlich einen Kostenaspekt, denn die Durchführung eines Assessment-Centers ist aufwendig und kostenintensiv. Aber es kann auch die gesamte Gruppe beeinflussen, wenn ein Teilnehmer offensichtlich überfordert oder ungeeignet ist und damit die Messgenauigkeit des Verfahrens verfälschen. Letztlich gilt es auch, die Außenwirkung zu berücksichtigen, wenn die Qualität eines Assessment-Centers darunter leidet, dass es ungeeignete Teilnehmer gab. Im Jahr 2004 in Folge der beliebten Casting Show „Deutschland sucht den Superstar" veranstaltete Media Markt z. B. eine Art AC unter der Bezeichnung „Azubi-Casting". Es scheint zwar grundsätzlich einen Vorauswahlprozess gegeben zu haben, jedoch war dieser wohl nicht valide. So wurden Kandidaten eingeladen, die aufgrund ihrer Bildungshistorie eindeutig nicht geeignet waren. Dies wurde von der Presse aufgenommen und es folgten einige sehr negative Berichte, deren Tenor war, dass man sich einen Spaß daraus gemacht habe, diese Menschen vorzuführen. Die Wahrnehmung der Qualität des Auswahlverfahrens, „hat natürlich Einfluss auf das Image des Unternehmens" (Fay 2002, S. 14). Ebenso wichtig wie die Vorauswahl der Bewerber ist deren Information. Der Bewerber sollte im Vorfeld klar über die Art des Auswahlverfahrens informiert sein. Das heißt natürlich nicht, dass man den Teilnehmer grundlegend in die Assessment-Center-Thematik einführen muss. Da sollte man sogar eine entsprechende Vorbereitung als Eigenleistung erwarten. Aber es muss mit offenen Karten gespielt werden, d. h. wenn ein Assessment-Center durchgeführt wird, sollte dies auch so bezeichnet werden. Gern werden dann beschönigende Begriffe wie „Gruppenauswahlverfahren" oder „Development Center" verwendet, weil der Begriff Assessment-Center häufig negativ besetzt ist. Aber alles andere als die korrekte Begrifflichkeit ist Etikettenschwindel. Ebenso sind Informationen über Ort, Dauer etc. notwendig. Eine Einführung in den konkreten Tagesablauf erfolgt vor Ort zu Beginn der Veranstaltung. Hierbei ist auch aus Gründen des Datenschutzes darauf zu achten, dass klar kommuniziert wird, in welchen Situationen die Teilnehmer beobachtet werden und in welchen nicht. In einem professionellen Assessment-Center wird ausschließlich während der Übungen beobachtet (vgl. Abb. 6.1).

6.2.4 Durchführung

6.2.4.1 Beobachter

Die Ergebnisqualität der Auswahlentscheidung steht und fällt mit den Beobachtern. Deren Wahrnehmung bildet die Grundlage für jede Entscheidung. Daher ist es unabdingbar, dass die Beobachter grundsätzlich geschult werden. Sie müssen die Funktionsweise, aber auch die Grenzen eines Assessment-Center kennen. Anhand konkreter Beispiele muss die Übersetzung von Beobachtungen in Bewertungen geübt werden. Hierbei kommt es auf die Qualität der Beobachtungen und die Nachvollziehbarkeit der Bewertungen an. Neben einer allgemeinen Schulung der Beobachter sind diese auch in jedes konkrete Assessment-Center gesondert einzuweisen, damit Ablauf und Rollen bekannt sind. Wie bereits erwähnt kann die Akzeptanz des Assessment-Centers bzw. der Ergebnisse darunter leiden, wenn nicht diejenigen als Beobachter eingesetzt sind, die nachher

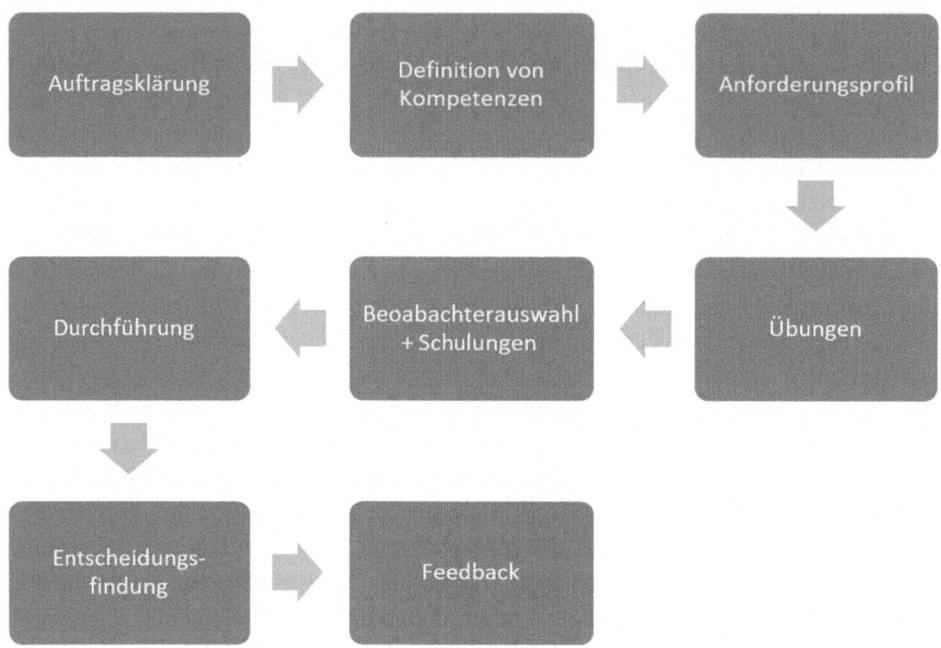

Abb. 6.1 Phasen der Implementierung

die Konsequenzen der Personalentscheidung tragen. Insofern ist es nicht unkritisch zu sehen, wenn die Personalabteilung selber alle oder die meisten Beobachter stellt. Grundsätzlich müssen Führungskräfte aus dem Unternehmen im Auswahlverfahren präsent sein. In der Realität gestaltet es sich häufig allerdings schwierig, hochrangige Führungskräfte für ein bis drei Tage aus dem Tagesgeschäft herauszulösen. Gelingt dies nicht, sollte man die grundlegende Frage stellen, ob der Einsatz des Instruments Assessment-Center sinnvoll ist. Grundsätzlich spricht auch nichts dagegen, Beobachter hierarchieübergreifend einzusetzen, so. z. B. mehrere Ebenen der suchenden Abteilung. Das kann sogar ein wesentlich differenzierteres Bild ergeben als nur eine Beobachtung durch Vorgesetzte. Dabei ist jedoch darauf zu achten, dass einerseits nicht der Eindruck vermittelt wird, dass eine basisdemokratische Entscheidung getroffen wird. Andererseits muss aber auch sichergestellt werden, dass die Ergebnisse nicht durch das Unterstellungsverhältnis zwischen beobachtenden Vorgesetzten und Mitarbeitern beeinflusst wird.

Neben der Qualität der Beobachter spielt auch die Quantität eine entscheidende Rolle. Einer der großen Vorteile des Assessment-Centers liegt ja in der Kombination verschiedener Blickwinkel für die Beurteilung. Daher sollte jeder Teilnehmer von möglichst vielen Beobachtern beobachtet werden, die ausreichend Zeit für jeden Kandidaten haben. Wird den einzelnen Bewerbern unterschiedlich viel Aufmerksamkeit zuteil, so beeinflusst dies die Validität der Entscheidung erheblich. Daher sollte ein Beobachter maximal je 2 Teilnehmer beobachten, die über den Verlauf des Assessment-Centers wechseln. Hierbei ist zu berücksichtigen, dass ein Beobachter nicht gleichzeitig Rollenspielpartner sein kann, da er sich auf die Beobachtung konzentrieren muss. In solchen Situationen werden also 2 Beobachter für einen Teilnehmer benötigt. Zusätzlich zu Beobachtern benötigt das Assessment-Center einen qualifizierten Moderator, der die Prozessqualität sicherstellt und den Bewertungsprozess moderiert. Die Rolle des Moderators ist äußerst wichtig, da zum einen der organisatorische Ablauf sichergestellt werden muss. Andererseits achtet der Moderator darauf, dass die Standards in der Beobachtung eingehalten werden. Dies zeigt, wie wichtig die Qualifikation bzw. Akzeptanz des Moderators ist, da er diese ggf. auch durchsetzen muss. Letztlich ist der Moderator auch der Ansprechpartner für die Teilnehmer. Zu seinen Aufgaben gehört ebenso die Einweisung der Beobachter in das konkrete Assessment-Center und die Information der Teilnehmer über Verfahren und Ablauf. Daher ist es ein wichtiges Qualitätsmerkmal eines professionellen Assessment-Centers, dass der Moderator sich ausschließlich um diese Aufgaben kümmert und nicht gleichzeitig als Beobachter eingesetzt werden. Der Moderator sollte auch eine qualifizierte Assistenz haben, die hinter den Kulissen Informationen zusammenträgt und für einen reibungslosen Ablauf sorgt. Zu den äußeren Rahmenbedingungen, die eingehalten werden müsse gehört der zeitliche Ablauf, da in der Regel verschiedene Übungen parallel stattfinden und zeitlich aufeinander aufbauen. Ferner ist auf die Räumlichkeiten zu achten. Einerseits geht es dabei um ihre grundsätzliche Eignung für die Durchführung eines Assessment-Centers, aber auch konkret darum, ob die notwendige Ausstattung und Materialien vorhanden sind.

Folgende Beispiele zeigen den Ablaufplan eines Assessment-Center einmal aus Sicht der Teilnehmer und aus Sicht der Beobachter. Dieses Assessment-Center hat einen relativ geringen Komplexitätsgrad. Für kompliziertere Abläufe gibt es Planungssoftware.

Development Center/Info Beobachter

Ablauf:

Beobachterschulung (09:00 – ca. 10:00)

- Vorstellung des Tagesablaufs und der Übungen
- Vorstellung der Vorgehensweise
- Vorstellung des Beobachtungs- und Feedbackbogens
- Vorstellung der Operationalisierung der Kernkompetenzen
- Fragen und Übungen

Beginn 10:00 Uhr

Begrüßung der Teilnehmer

- Vorstellung Tagesablauf/Übungen
- Verteilung Namensschilder

(15 min)   bis 10:15

Übung 1: „Bildungscontrolling"

Aufteilung in drei Kleingruppen a 1 × 3 bzw. 1 × 4 Personen
Erarbeitung einer Präsentation zum Thema „Bildungscontrolling im dualen Studium"

(75 min)   bis 11:30
Präsentation und Diskussion

(30 min)   bis 12:00
1 × 2; 1 × 3 Beobachter
Beobachte Kriterien:

- Analytische- strategische Kompetenz
- Soziale Kompetenz

Beobachterkonferenz (klein)
Moderation der Beurteilung
Wechsel der Beobachter

(15 min)   bis 12:15

Mittagspause:
Teilnehmer: 12.00–12.45
Beobachter: 12.15–12.45

Übung 2: „Konfliktgespräch"
7 parallele Einzelgespräche

Führen eines Konfliktgesprächs mit BA-Student.   bis 13:05

Beobachte Kriterien:

- Ergebnisorientierung
- Leadership

Beobachterkonferenz (klein)
Moderation der Beurteilung
Wechsel der Beobachter

(15 min)   bis 13:20

Übung 3: „Gruppenarbeit Marks & Spencer"

Aufteilung in 2 Kleingruppen a 1 × 3 bzw. 1 × 4 Personen

Erarbeiten einer Präsentation zum Thema Marks& Spencer und Aussagekraft für Deutschland.

(90 min)   bis 14:50

Präsentation der Ergebnisse und Diskussion

(30 min)   bis 15:20

Beobachte Kriterien

- Markt- und Kundenorientierung
- Analytische- Strategische Kompetenz

Beobachterkonferenz (klein)
Moderation der Beurteilung
Wechsel der Beobachter

(15 min)   bis 15:35

Während Beobachterkonferenz: „Selbsteinschätzung" (15 min.)

Abschluss:

Beobachterkonferenz (groß)

(ca. 120 min)   bis 17:35

Während Beobachterkonferenz: Feedbackrunde für TN (ca. 30 min)

Rückmeldegespräche

(20 min pro TN)   bis ca. 18:20

Ende ca. 18:20

Auswahlverfahren/Info Teilnehmer
Ablauf:

Beginn 10:00 Uhr

Begrüßung der Teilnehmer

- Vorstellung Tagesablauf/Übungen
- Verteilung Namensschilder **bis 10:15**

Übung 1: „Bildungscontrolling"

Kleingruppenarbeit in 2 Gruppen

- Erarbeitung einer Vorstandspräsentation zum Thema „Bildungscontrolling im dualen Studium"

(75 min Konzeption)   bis 11:30

- Präsentation und Diskussion zum Thema

(30 min)   bis 12:00

Pause bis 12:45

Übung 2: „Konfliktgespräch"

Einzelgespräche

6.2 Das Assessment-Center

- Vorbereitung **(5 min)**
  bis 12:50
- Durchführung

(15 min) bis 13:05

Pause bis 13:20

Übung 3: „Gruppenarbeit Marks & Spencer"

Kleingruppenarbeit in 2 Gruppen

- Erarbeitung einer Präsentation zur Lage des Unternehmens

(90 min) bis 14:50

- Präsentation der Ergebnisse und Diskussion

(30 min) bis 15:20

Selbsteinschätzung bis 15.35

Pause bis 17:35

Feedbackgespräche bis 18:20

6.2.4.2 Übungstypen
Wie bereits erwähnt, sind bestimmte Übungstypen dazu geeignet, bestimmte Kompetenzen sichtbar zu machen, andere jedoch nicht. Daher ist eine Mischung der verschiedenen Übungstypen notwendig, um alle relevanten Kompetenzen zu simulieren.
Folgende Übungstypen sind häufig zu finden:

Selbstpräsentation
Als Eisbrecher wird gern dieser Übungstyp eingesetzt. Der Teilnehmer bekommt entweder vor Ort Zeit, eine Selbstpräsentation vorzubereiten oder wird im Vorfeld dazu aufgefordert. Bei der Vorbereitung vor Ort greifen Teilnehmer üblicherweise auf die klassischen Materialien aus dem Moderationskoffer zurück, was die Gefahr in sich birgt, dass dies im digitalen Zeitalter als wenig zeitgemäß erlebt wird, da der Standard heute

eine Präsentation in PowerPoint oder ähnlichen Programmen ist. Inhaltlich kann man dies entweder relativ spielerisch gestalten (auch um etwas Druck aus der Situation zu nehmen) oder aber sehr spezifisch auf Firma, Stelle und Motivation eingehen. Der Haken an dieser Übung ist allerdings, dass sie bei großen Gruppen extrem zeit- oder raumaufwendig ist, weil eine Vielzahl von Präsentationen parallel abgehalten wird. Für viele Zielgruppen ist der Erkenntniswert auch vergleichsweise gering und erfahrungsgemäß schneiden die meisten Teilnehmer bei dieser Übung vergleichsweise gut ab, sodass sie im Entscheidungsprozess eine eher untergeordnete Rolle spielt. Man kann nur sprachliches Ausdrucksvermögen und Präsentationsfähigkeit prüfen. Eine Abwandlung dieser Übung ist die „100 Tage" Übung, in der der Teilnehmer einen Fahrplan für die ersten drei Monate im Job erstellen muss. Diese Art Übung ist weniger spielerisch und hat deutlich höhere Aussagekraft, weil hier erkennbar ist, in welchem Maß der Bewerber sich mit der Stelle, der Organisation und den Anforderungen auseinandergesetzt hat und welches Problembewusstsein dafür vorhanden ist. Gerade hier sind allerdings der Reifegrad des Bewerbers und die realistische Erwartung zu berücksichtigen. Die Übung birgt das Risiko in sich, dass man gerade an Berufsanfänger oder Bewerber, die aus Positionen mit geringem Freiheitsgrad kommen, zu hohe Anforderungen stellt.

Postkorbübung
Die Postkorbübung ist einer der Klassiker des Assessment-Centers. Hierbei geht es um die Planung eines bestimmten Zeitabschnitts nach Prioritäten und sie prüft die Organisationsfähigkeit des Teilnehmers ab. Diese Übung kann man sowohl als Einzel- wie auch als Gruppenübung einsetzen. Der Nachteil der Gruppenübung besteht allerdings darin, dass sie nur bedingt eine Aussage über die Organisationsfähigkeit macht, da der Fokus nicht in der inhaltlichen Übung, sondern in der Interaktion mit der Gruppe liegt. Da das Assessment-Center ausschließlich beobachtbares Verhalten bewertet, verbieten sich Mutmaßungen, warum der Teilnehmer keinen Beitrag geleistet hat. Ein Fehler der häufig bei diesem Übungstyp gemacht wird ist, dass sie als statische Übung konzipiert wird. Da A Prioritäten (wichtig & dringlich) per Definition nicht planbar sind, müssen diese dynamisch in den Planungsprozess eingebracht werden.

Folgendes Beispiel einer Postkorbübung wurde für die Zielgruppe mittlere Führungskräfte konzipiert. Der Planungsprozess wurde vier Mal durch den Moderator unterbrochen, der neue A-Prioritäten bekannt gab. Allerdings muss man beachten, dass starre Musterlösungen schwierig sind, weil die Einschätzung, ob ein Vorfall wichtig ist, sehr von den individuellen Werten des Teilnehmers abhängig ist. Daher sollte an sich die Planung vom Bewerber vorstellen lassen und ggf. nachfragen. Im konkreten Fall hatte die Rückfrage der Krankenversicherung „D" Priorität (weder wichtig noch dringlich), da es sich um eine private Zusatzversicherung handelt, die kein Vertragsverhältnis mit der Firma hat und diese letztlich auch nicht helfen kann. Ein Teilnehmer setzte dies auf „A" Priorität. In der Diskussion klärte sich, dass er selbst in einer ähnlichen Situation war, als seine Frau in Afrika einen Unfall hatte und er diese Situation nur durch Unterstützung seiner Firma lösen konnte.

6.2 Das Assessment-Center

Beispiel

Ihr Bereichsleiter hat ist im Urlaub vom Motorrad gestürzt und ist noch für etwa 4 Wochen in einem Krankenhaus in Namibia. Sie müssen nun den Bereich leiten und die anfallenden Aufgaben für die nächsten 4 Wochen planen.

Neben den üblichen Routineaufgaben haben sich folgende Aufgaben haben angesammelt. Bitte planen Sie die nach den Dimensionen wichtig und dringlich die Routineaufgaben mit.

A. Sie finden eine E-Mail der Revision in der Sie darüber informiert werden, dass massive Manipulationen in der polnischen Tochtergesellschaft vermutet werden. Der GF wurde mit sofortiger Wirkung freigestellt ebenso wie die kaufmännische Leiterin, die sich als seine Schwester entpuppte. Es gibt keinerlei Transparenz vor Ort.
B. Auf Ihrem Anrufbeantworter ist irrtümlich eine Kundenbeschwerde gelandet.
C. Die jährliche CFO Tagung nach dem Jahresabschluss wurde noch nicht geplant.
D. Zwei Krankmeldungen informieren Sie darüber, dass zwei ihrer vier Assistentinnen wegen akuten Magen-/Darmproblemen krankgeschrieben sind
E. Für nächste Woche stehen noch vier turnusmäßige Mitarbeiter-Entwicklungsgespräche an.
F. Die IHK hat angefragt, ob einer aus Ihrem Team kurzfristig als Prüfer beim Betriebswirt IHK einspringen kann.
G. Eine Auszubildende möchte in einer „wichtigen Angelegenheit" mit Ihnen reden.
H. Ihr Ressortvorstand hat morgen 60. Geburtstag.
I. Der Aufsichtsratsvorsitzende möchte für die Weihnachtsfeier im Frankfurter „Business Club" einen Vortrag über „Beyond Budgeting" von Ihnen haben.
J. Von der Tochtergesellschaft C kommt eine E-Mail herein, dass der Wettbewerb die Preise um 15 % gesenkt hat. Die Umsätze brechen bereits weg. Es droht ein Verlust von 30 Mio. EUR am Jahresende.
K. Eine Mitarbeiterin steckt ihren Kopf ins Büro. Sie möchte für die nächsten Monate in Teilzeit arbeiten, da ihr Mann ins Krankenhaus gekommen ist. A
L. Die Krankenversicherung Ihres Chefs hat angerufen und möchte wissen, ob er zusätzlich eine Auslandskrankenversicherung bei einer anderen Versicherung abgeschlossen hat.
M. Der neue Partner der Wirtschaftsprüfungsgesellschaft möchte sich bei Ihnen vorstellen.

Fallstudie

Die heute auch im Business-School-Umfeld sehr weit verbreitete Arbeit mit Fallstudien geht auf die juristische Fakultät von Harvard zurück, wo man im 19. Jahrhundert nach einer Methode suchte, um realistische Praxisfälle zu bearbeiten (Vgl. Garvin 2003). Es geht dabei darum in einem Szenario das Handlungsraum (konkretes Umfeld), Handlungsprozess (wie soll eine Lösung erreicht werden) und Handlungsergebnis umfasst, eine möglichst realistische Situation abgebildet wird (Vgl. Domsch und Ladwig 2013,

S. 693). Solche Fallstudien können reale Situationen abbilden oder aber fiktive. Solche Fallstudien lassen sich selber konstruieren, wenn die Kompetenz vorhanden ist oder aber man kann sie relativ günstig einkaufen, so z. B. über den Harvard Business Manager. Grundsätzlich kann man eine Fallstudie sowohl als Einzelübung wie auch als Gruppenübung durchführen. Hier gilt wie bei der Postkorbübung – die eigentlich eine Sonderform der Fallstudie ist – dass sich dann allerdings der Beobachtungsschwerpunkt vom inhaltlichen zum Gruppenverhalten verschiebt. Insofern ist dies nur begrenzt sinnvoll, da gerade dieser Übungstyp sich gut dafür eignet, analytisch-strategische Fähigkeiten sowie Fach- und Branchenkenntnisse zu analysieren. Besonders bei Führungskräften sind solche Übungen wesentlich besser geeignet, kognitive Fähigkeiten sichtbar zu machen als z. B. Testverfahren, da sie keine grundsätzlichen Urteile aussprechen und ein wesentlich konstruktiveres Feedback ermöglichen, weil das Ergebnis eine Momentaufnahme ist und nicht die Person als solches infrage stellt. Der Umfang einer Fallstudie kann stark variieren. Bei einer klassischen Fallstudie kann der Umfang in den Bereich von bis zu 100 Seiten oder mehr gehen. Hierbei wird meist bewusst auch unwichtiges Material beigefügt, um gezielt die Arbeitsweise des Kandidaten zu beobachten. Bei der sogenannten Incident-Methode bleibt man bewusst knapp mit den Angaben, um die Unsicherheitstoleranz des Bewerbers zu beobachten. Ferner kann man eine Fallstudie auch mit mehreren Lösungsansätzen verteilen und den Kandidaten dann die verschiedenen Aussagen gegeneinander abwägen lassen. Die „life case" Methode, in der ein Fall in Echtzeit bearbeitet wird, findet in der Personalauswahl keine Anwendung, sondern bleibt meist auf die interne Management-Entwicklung beschränkt, weil der Zeitaufwand deutlich zu hoch wäre (Vgl. Domsch und Ladwig 2013, S. 696). Ein weiterer Sonderfall der Fallstudie ist das Planspiel (Vgl. Stumpf 2013, S. 700 ff.) Man spricht hier auch von einem „dynamischen Assessment Center", in dem eine konkrete Situation über die gesamte Dauer der Veranstaltung entwickelt wird. Das bietet zwar den Vorteil, dass man beobachten kann, wie vernetzt und ganzheitlich Probleme betrachten werden, aber auch den Nachteil, dass sich nicht alle Übungstypen problemlos abbilden lassen und Folgefehler zu einer insgesamt negativen Bewertung führen können. Eine wichtige Frage ist, ob man die Bearbeitung der Fallstudie vor Ort durchführen lässt oder ob man sie im Vorfeld herausgibt. Letzteres birgt zwar das Risiko der Manipulation in sich, was aber vernachlässigt werden kann, weil inhaltliche Defizite spätestens in der Diskussion deutlich werden. Das Problem ist, dass man im Berufsleben selten mit so engen Zeitvorgaben an inhaltlich anspruchsvolle Themenstellungen geht wie in der Assessment-Center-Situation. Daher wird das Ergebnis in der Laborsituation qualitativ deutlich schlechter ausfallen als unter realen Bedingungen mit Recherchemöglichkeiten. Einerseits schränkt die Arbeit vor Ort damit also die inhaltliche Validität ein, andererseits aber auch die Akzeptanz bei den Teilnehmern, die – besonders wenn sie nicht erfolgreich waren – häufig nicht zu Unrecht kritisieren, dass die Arbeitsbedingungen nicht realistisch waren und auch die Form der Ergebnispräsentation, die ja meist über Flipchart oder Pinnwand erfolgt, nicht mehr heutigen Standards entspricht. Insofern spricht vieles dafür, eine solche Fallstudie vorbereiten zu lassen und dann aber auch deutlich höhere Ansprüche an die Ergebnisse zu formulieren.

6.2 Das Assessment-Center

Im Folgenden sind drei Beispiele für Fallstudien gegeben. Die erste wendet sich an eine potenzielle Führungskraft im Personalbereich. Zum einen soll der Kandidat zeigen, ob er in der Lage ist, aus der Unternehmensstrategie eine Personalstrategie abzuleiten und klare Prioritäten zu setzen. Da nicht wenige Personaler dazu neigen, unfokussiert zu viele Themen anzustoßen und den Aspekt der Wertschöpfung für das Unternehmen ignorieren, war dies ein entscheidendes Auswahlkriterium. Ferner wollte man herausarbeiten welches Rollenverständnis der jeweilige Kandidat hat und wie er das Thema der unklaren Strukturen lösen wollte, weil dies auch im suchenden Unternehmen ein Thema war.

Fallstudie

Die Firma Taktiker AG ist ein filialisiertes Einzelhandelsunternehmen in der Baumarktbranche. In seinem fast 20 jährigen Bestehen hat das Unternehmen ein Auf und Ab erlebt. Waren die 90er Jahre von starker Expansion und Zukäufen geprägt, scheiterte der Börsengang jedoch und der Mutterkonzern ACME AG kaufte die Aktien zurück. Bedingt durch das Flächenwachstum in der Baumarktbranche brachen die Profite weg. Das Unternehmen hatte im Gegensatz zu anderen Baumärkten auch kein klares Profil am Markt. Herrenpilz und Baufix hatten sich als Fachhändler auf großer Fläche positioniert, Boom war im dekorativen Bereich stark und Hobby war der Edel-Baumarkt. Taktiker hatte versucht alles für jeden zu sein und war damit gescheitert. Jeder neue Vorstandsvorsitzende hatte ein neues Konzept mitgebracht und konnte es letztlich nicht umsetzen. So kam es dann auch, dass der Aufsichtsrat in einer Art Panikreaktion die CEOs im Jahresrhythmus austauschte.

Im Jahr 1999 war die Situation dann einigermaßen desolat. Die Märkte hatten weitestgehend autonom agiert und das mit wenig Erfolg. Es war keine klare Linie zu erkennen und es fehlten firmenübergreifende Systeme. Im IT Bereich war das Unternehmen den Mitbewerbern 10 Jahre hinterher. In den Hochregalzonen lagerte Ware im Wert von rd. 200 Mio. DM, was massive Auswirkungen auf die Cashflowsituation hatte. Dadurch, dass jeder Marktleiter selbst einkaufte waren die Einkaufskonditionen schlechter geworden und Taktiker war nicht nur unattraktiv, sondern auch zu teuer und das mit dem Slogan „Gut und billig".

Im Jahr 2000 trat Wolfgang Löhr die Stelle des Vertriebsvorstands an. Er setzte das straffe Konzept des diskontierenden Baumarkts mit standardisierten Konzepten und Sortimenten mit eiserner Faust durch und sorgte für einen zügigen Abverkauf der Altware. Prozesse wurden standardisiert und IT Systeme eingeführt. 2001 stand das Unternehmen zwar wirtschaftlich immer noch nicht solide da, aber es hatte einen ganzen Schritt nach vorne getan.

Da Löhr für seinen äußerst ruppigen Führungsstil bekannt ist, verließ der Leiter der Personalentwicklung das Unternehmen. Der Vorstand war darüber nicht unglücklich, denn es wurde schnell klar, dass neben der Quantität vor allem die mangelnde Qualität der Führungskräfte eines der Probleme des Unternehmens war. In Zeiten als es dem Unternehmen gut ging und das Baumarktgeschäft ein Selbstläufer war, hatte man zum einen zu großen Wasserkopf in der Zentrale aufgebaut. Insofern hatte man in der Zentrale pauschal 20 %

des Personals abgebaut. Da die Aufgaben nun durch die bestehenden Mitarbeiter durchgeführt werden müssen, entsteht ein erheblicher Qualifikationsbedarf. Dies liegt nicht zuletzt daran, dass viele Führungskräfte formal einen sehr niedrigen Bildungsabschluss haben und sich auch nicht weiterentwickeln wollen oder können, da das Unternehmen hier keine Konzepte hat. Bestimmte Schlüsselpositionen wurden bewusst mit Mitarbeitern von außen oder aus dem Mutterkonzern besetzt. Bei den Marktleitern hatte es eine erhebliche Fluktuation gegeben. Teilwiese war diese vom Unternehmen gewünscht. Teilwiese verließen jedoch auch gute Marktleiter das Unternehmen, weil sie sich durch die Zentralisierung in ihren Entscheidungskompetenzen beschnitten sehen. Das Problem daran ist jedoch, dass es oft über lange Zeit nicht gelingt, die Stellen intern zu besetzen. Es wird argumentiert, dass es entweder keine geeigneten Kandidaten gibt oder aber das diese noch nicht so weit seien. Man hat sich bisher immer gescheut, Förderprogramme aufzulegen, da man keine Erwartungen wecken wollte. Beförderungen erfolgen nach Gutsherrenart: der Regionalleiter entscheidet allein. Oder wie ein Betriebsrat es spöttisch kommentierte; „Befördert wird, wer die Hacken zusammenschlagen kann und am lautesten „Ja" ruft." Dadurch sind einige Marktleitungen vakant und werden als Doppel- oder sogar Dreifachstandorte betrieben. Andere wurden durch Personalberater besetzt. Zum einen ist dies eine sehr teure Vorgehensweise und zum anderen ist die Fluktuation in dieser Zielgruppe sehr hoch. Aufgefallen ist ebenfalls, dass die Übernahmequote der Azubis im Vertrieb von 80 % auf unter 50 % abgerutscht ist. Über die Ursachen ist nicht bekannt. Bei den BA-Studierenden ist die Übernahmequote gar auf 0 % abgestürzt. Als Grund werden meistens schlechte Leistungen angegeben, aber etwas Genaueres weiß man nicht.

Es zeigt sich also, dass das Thema Qualifizierung und Weiterbildung ein entscheidender Erfolgsfaktor für die Zukunft des Unternehmens ist. 2003 hat ein neuer Leiter der Personalentwicklung im Unternehmen angefangen. Thomas Zimmermann ist Anfang dreißig und bringt 5 Jahre Berufserfahrung in diesem Bereich mit. Er ist zwar relativ jung und unerfahren für eine Position, die auf der dritten Führungseben angesiedelt ist. Er ist jedoch in Personalentwicklerkreisen ziemlich bekannt, weil er in relativ kurzer Zeit die sehr veraltete Personalentwicklung einer großen Gießerei komplett neu aufgestellt hat.

In den ersten Wochen hat er eine Bestandsaufnahme gemacht, was Prozesse und Organisation angeht. In seiner Abteilung sind drei Mitarbeiterinnen tätig. Hauptsächlich organisieren diese Seminare, von denen die meisten jedoch aufgrund mangelnder Teilnehmerzahlen wieder abgesagt werden. Eine Halbtagskraft kümmert sich um Weiterbildungen zum Handelsfachwirt und zum Handelsassistenten. Eine Mitarbeiterin ist zu 50 % an den Bereich Personalwirtschaft ausgeliehen und kümmert sich um Zeitwirtschaft. Ferner ist sie für die Betreuung der 7 dezentralen IT Schulungszentren zuständig. Hier geht es auch um das Facility Management. Ob diese Zentren genutzt werden und welche Software bzw. welche Version der jeweiligen Software sich dort befinden, ist nicht bekannt. Die dritte Mitarbeiterin kümmert sich neben Seminaren um die Betreuung der BA Studenten. Die Verantwortung für die Studenten ist nicht geklärt. Inhaltlich ist das Thema bei der Personalentwicklung angesiedelt und sie sind auch auf dieser Kostenstelle. Disziplinarisch werden sie bei Praxisphasen im Vertrieb von Marktleitern geführt. Sind sie in der Zentrale, werden sie vom Personalleiter der Zentrale geführt. Das Ergebnis ist wie bereits erwähnt katastrophal.

Personalentwicklung wird nicht zentral gesteuert. Der Seminarkatalog ist im Wesentlichen seit 10 Jahren unverändert und liegt nur in digitaler Form vor. Es gibt zwar immer wieder Anmeldungen, aber auch viele Stornierungen. Die Seminare werden zum Großteil von einem Weiterbildungsanbieter durchgeführt, der auch den innerbetrieblichen Unterricht für die Azubis macht. Über die Qualität der Trainings und Seminare ist wenig bekannt. Zimmermann ist beim Durchlesen aufgefallen, dass in den Seminarbeschreibungen Ziele und Inhalte fast identisch sind. Bsp.: Seminarziel: Wir beschäftigen uns mit den Grundlagen der Kommunikation nach Schulz von Thun. Die Aufstiegsförderung wird in jeder Region unterschiedlich gehandhabt. Es gibt drei Regionen mit je einem Personalreferenten, der zwar an den Leiter der Personalwirtschaft berichtet, jedoch faktisch ein Mitarbeiter des Vertriebsdirektors vor Ort ist. Im Markt gibt es folgende Hierarchieebenen:

Marktleiter
Stellvertretender Marktleiter
Substitut (nur in großen Märkten)
Kassenaufsicht
Abteilungsleiter
Verkäufer

Es gibt ein jährliches Mitarbeitergespräch, das mit dem Mitarbeiter im Monat seines Geburtstags geführt werden muss. Für Mitarbeiter ab 55 ist die Teilnahme an diesem Gespräch fakultativ. Da es eine Betriebsvereinbarung dazu gibt, werden die Gespräche quantitativ ausgewertet und dem Betriebsrat gemeldet. Was ansonsten mit diesen Gesprächen passiert, ist nicht bekannt. Angeblich wertet die Region Süd sie auch qualitativ aus.

Ein weiterer Bereich ist der innerbetriebliche Unterricht für die Azubis. Grundsätzlich hat die Zentrale keinen Einblick in die Ausbildung im Vertrieb. Man vermutet, dass in einzelnen Märkten zu viele Azubis ausgebildet werden und auch in Ausbildungsberufen, die das Unternehmen eigentlich gar nicht anbietet. Auf Nachfrage hat Zimmermann eine Tendenz wahrgenommen, dass einer der Gründe für die Nichtübernahme am enormen Kostendruck der Märkte liegt. Daher ist auch die Zahl der neuen Azubis rückläufig. Das ist kritisch, weil man weiß, dass aufgrund der Altersstruktur definitiv Nachwuchs benötigt wird. Aber es gibt auch Stimmen, die sagen, dass die Qualität der Ausbildungsleistung der Azubis schlechter geworden ist. Man vermutet, dass dies daran liegt, dass kaum noch Warenkundeunterweisungen in den Märkten stattfindet. Aber auch die Berufsschulleistungen sind angeblich deutlich schlechter geworden. Der innerbetriebliche Unterricht ist auch ein enormer Kostenblock, der pro Jahr mit rd. 250.000 EUR zu Buche schlägt. Dieser wird von einem externen Dienstleister durchgeführt. Zimmermann hält diese Kosten für deutlich zu hoch. Er hatte schon überlegt, dafür eigene Mitarbeiter einzustellen. Das hätte sich jedoch nicht gerechnet, da die Schulungen dezentral stattfinden und relativ viel Zeit für Reisen notwendig gewesen wären. Ihm ist aber aufgefallen, dass die meisten Schulungen zwei oder drei Tage dauern, der Trainer dann abreist und er den Leerlauf auch bezahlen muss, da die Trainer ausschließlich für Taktiker tätig sind.

Aufgabenstellung:

1. Welche grundsätzlichen Handlungsschwerpunkte sehen Sie? Welche Prioritäten sollte Zimmermann setzen?
2. Wo steht das tatsächliche Führungsverhalten bzw. die Führungskultur dem Leistungsauftrag der Personalentwicklung im Weg? Wie kann die Personalentwicklung ihre Akzeptanz erhöhen?
3. Wie sollen Strukturen und Prozesse in der Personalentwicklung aufgestellt werden und wie sollen Schnittstellen in Vertrieb, Zentrale und andere Teile des Personalbereichs aussehen?

Die zweite Fallstudie mischt Elemente der klassischen Fallstudie mit denen der Incident-Methode. Zielgruppe waren potenzielle BA-(heute DHBW) Studierende. In der Vergangenheit hatte sich gezeigt, dass viele eigentlich nach dem Studium kein Interesse hatten in einem Einzelhandelsunternehmen zu arbeiten, insbesondere nicht im Vertrieb. Von daher war es dem Unternehmen wichtig, herauszufinden, ob die Bewerber Kenntnisse über den Einzelhandel hatten und sich grundsätzlich in das Thema Vertrieb einfinden konnten. Daher wurden auch bewusst einige Fachbegriffe wie DOB oder Retail Brand nicht erklärt. Gleichzeitig waren in den vorangegangenen Jahren die Studienleistungen in der Summe sehr unbefriedigend gewesen. Insofern wollte man ein sehr komplexes Thema wählen, um so auch die Studierfähigkeit zu beurteilen. Die originale Übung enthielt neben der relativ knappen Situationsbeschreibung noch etwa 200 Seiten Material, von dem das meiste irrelevant war. Daher war die Fallstudie auch bewusst als Gruppenübung gestaltet, weil die Aufgabe nur lösbar war, wenn man alle Ressourcen der Gruppe nutzbar machte. Hier muss man jedoch kritisch anmerken, dass der Schwierigkeitsgrad für die Zielgruppe Abiturienten deutlich zu hoch war. Durch die nichtvorhandene Berufserfahrung der meisten Teilnehmer hatten dann auch diejenigen Kandidaten einen Vorteil, die eine Ausbildung im Handel absolviert hatten. Gemessen wurde somit Wissen, nicht jedoch die Kompetenz oder kognitive Fähigkeiten. Da es mehrere Gruppen gab, enthielten die Informationen für die Beobachter Leitfragen für die anschließende Diskussion und den Hinweis, dass nur diese Fragen zu verwenden sind.

Information Teilnehmer
Übung 03

Marks & Spencer ist mit über 300 Filialen einer der größten und traditionsreichsten Kaufhauskonzerne Großbritanniens. In der Vergangenheit hat Marks & Spencer es geschafft, sich äußerst erfolgreich mit der Eigenmarke „St. Michael" als Retail Brand im Mittelpreissektor zu positionieren. Andere Marken als die eigenen werden dort nicht verkauft. Über die Akquisition des angesehenen US-amerikanischen Herrenbekleidungsherstellers Brooks Brothers sowie die Einführung der Marken „per una" (DOB) und „Blue Harbour" (Herrenfreizeitbekleidung) wurde das Sortiment aufgewertet. Die vormalige Lebensmittelabteilung wurde zu einer Feinkostabteilung mit Schwerpunkt auf in Großbritannien schwer erhältlichen kontinentaleuropäischen

6.2 Das Assessment-Center

Delikatessen. Dadurch verschob sich jedoch nicht nur die Qualität des Sortiments in Richtung High End, sondern auch die Preisgestaltung. Mitte der 90er Jahre expandierte Marks & Spencer dann auch auf das europäische Festland, mit Flagship Stores in Paris, Brüssel, Frankfurt, Köln usw. Nach dramatischen Einbrüchen im Kerngeschäft in Großbritannien zog Marks & Spencer sich aus Europa zurück, modernisierte das Sortiment, setzte eine konsequente Desinvestitionsstrategie im Immobilienbereich um und trennte sich von Brooks Brothers. Im Kerngeschäft gelang 2002 der Turnaround durch die Einführung eines sehr hochwertigen neuen Damenoberbekleidungssortiments, das zu diesem Zeitpunkt in Großbritannien seines gleichen suchte. Zudem gelang es, Publikumsmagneten wie David Beckham als Werbeträger zu gewinnen. 2004 tauchten jedoch wieder Umsatzprobleme auf. Der Vorstandsvorsitzende musste abtreten und der Besitzer der Kaufhauskette BHS versucht seit Monaten aggressiv eine feindliche Übernahme durchzusetzen. Ferner werden nun durch Investmentbanken Vorwürfe der finanziellen Manipulation gegen den neuen Vorstandsvorsitzenden erhoben.

Bitte analysieren Sie beiliegendes Material über Marks & Spencer und stellen Sie dar, weshalb das Unternehmen aus Ihrer Sicht in Schwierigkeiten geraten ist und welche Auswege Sie sehen. Bitte leiten Sie daraus auch ab, welche Entwicklungen Sie im Einzelhandel bzw. im Kaufhausbereich in Deutschland erwarten. Bitte bereiten Sie eine Präsentation vor und diskutieren Sie die Ergebnisse mit den Beobachtern.

Vorbereitung: 90 min
Präsentation & Diskussion: 30 min

Die dritte Fallstudie ist eine klassische „Incident Method" Fallstudie und stammt aus dem gleichen Assessment-Center. Hier ging es tatsächlich zunächst einmal darum zu prüfen, wie eigenständig die Teilnehmer an ein Thema mit relativ knappen Informationen herangehen und ob sie zu einer trennscharfen Handlungsempfehlung kommen. Da es in den vorangegangenen Jahrgängen immer wieder Probleme mit der Leistung der Studierenden in Theorie und Praxis gegeben hat, wollte man auch herausfinden, ob die Teilnehmer ein Bewusstsein dafür haben, was das Unternehmen von ihnen erwartet bzw. wann die Investition in einen Studierenden sich für das Unternehmen rechnet.

Information Teilnehmer
Übung 01

Die Universal Exports AG beschäftigt derzeit 28 Studenten in dualen Ausbildungsgängen. 21 davon sind bundesweit an Berufsakademien: 5 an der ASW in St. Ingbert, 5 in Gera, 5 in Riesa, 2 in Karlsruhe und je 2 in Stuttgart und Heidenheim. 7 Studenten nehmen am 4-jährigen FH-Studiengang „Internationales Handelsmanagement" in Worms teil. Die Lohndirektkosten betragen rd. 24.000 EUR pro Jahr. Die Spesen belaufen sich für diese Zielgruppe auf rd. 45.000 EUR pro Jahr und sind damit gemessen am gesamten Personalentwicklungsbudget unangemessen hoch. Verursacht werden diese Spesen hauptsächlich durch bundesweite Einsätze in Märkten, durch Fahrtkosten wegen Anreise mit dem eigenen PKW sowie durch teure Hotelübernachtungen und Spesen bei Zentraleinsätzen. Hinzu kommen Studiengebühren von 250 EUR pro Person pro Monat an der ASW sowie 500 EUR pro Person pro Semester an der FH Worms. In der Summe liegt der Notendurchschnitt im mittelmäßigen Bereich, allerdings mit einigen Ausschlägen in den schlechten Bereich. Die Übernahmequote liegt bei etwa 50 %, d. h. etwa 4 Personen pro Jahr. Gleichzeitig werden jedoch auch die klassischen Einstiegspositionen wie z. B. Assistent im Category Management oder Projektkoordinator mit externen Bewerbern besetzt. Im direkten Wettbewerb zwischen internen und externen Bewerbern ergibt sich immer wieder die Situation, dass Externen aufgrund besserer Studienleistungen und höherer Persönlichkeitskompetenz der Vorzug gegeben wird. Hinzu kommt, dass viele Studenten nach ihren ersten Einsätzen in der Zentrale eine Tätigkeit im Vertrieb grundsätzlich ablehnen und somit auch nur sehr begrenzt im Rahmen einer Nachfolgeplanung zur Verfügung stehen. Im Rahmen der konsequenten Überprüfung aller Kosten stellt sich nun die Frage, ob der finanzielle Aufwand vor dem Hintergrund des eingeschränkten Nutzens grundsätzlich in dieser Form vertretbar ist. Daher hat man nun Sie als Studenten eingeladen, ein Konzept zu erarbeiten, dass eine optimalere Steuerung der Studiengänge ermöglicht. Zum einen sollen die Studierenden gezielter auf konkrete Tätigkeiten nach dem Studium vorbereitet werden. Zum anderen soll der mögliche Nutzen eines solchen Studiengangs auch ins Verhältnis zu den Kosten gestellt werden. Entscheidend sind also Potenziale zur Qualitätssteigerung und zur Kostenoptimierung.

Präsentieren Sie die Ergebnisse Ihrer Arbeitsgruppe den Beobachtern, die Ihnen hierzu gezielte Fragen stellen werden. **Bitte beachten Sie, dass es sich hierbei nicht um die Fa. XY handelt!**

Vorbereitungszeit: 75 min
Präsentation/Diskussion: 30 min

Rollenspiele
Rollenspiele sollen Situationen aus dem beruflichen Alltag simulieren und zielen meist schwerpunktmäßig auf die Beurteilung von Sozialkompetenz oder Führungsverhalten ab. Dabei übernimmt der Teilnehmer eine ihm zugewiesene Rolle. Wie bereits erwähnt, übernimmt in diesem Fall einer der Beobachter die Rolle des Gegenübers und verlässt die Rolle des Beobachters, die nun ein anderer übernimmt. Wichtig ist bei der Konzeption einer solchen Übung, dass nie zwei Teilnehmer ein Rollenspiel miteinander durchführen. Grundsätzlich geht es ja im Assessment-Center darum, eine Laborsituation zu schaffen, in der alle Störfaktoren ausgeklammert werden und man das Verhalten der Teilnehmer beobachtet. Bindet man zwei oder mehr Teilnehmer in eine solche Übung ein, so überlagert die reale Wettbewerbssituation zwischen den Kandidaten die fiktive Situation im Rollenspiel. Aus Gründen der Vergleichbarkeit sollte nicht nur der Kandidat eine klare Rollenbeschreibung erhalten, sondern auch der Beobachter. Bei diesem Übungstyp ist die Gefahr groß, dass man mit „nett sein" sehr weit kommt. Gerade bei Führungssituationen ist dies natürlich nicht der Sinn der Sache, denn Führung besteht aus „Leadership" (Beziehungsebene) und „Management"

(Sachebene). Daher sollte man stets eine „weiche" Kompetenz neben einer „harten" beobachten. Folgendes Beispiel kann dies illustrieren. Hier wurde ein Problemfall genommen, dem auch bewusste und unbewusste Regelverstöße zugrunde liegen. Es ist klar, dass diese abgestellt werden müssen. Gleichzeitig sollte das Gespräch auch nicht ausschließlich disziplinarisch geführt werden, weil man den Studierenden ja auch dafür begeistern will, sich künftig stärker zu engagieren.

Instruktionen für den Teilnehmer
Information Teilnehmer
    Übung 02
    Sie sind bei der Universal Exports AG für die Betreuung eines BA-Studenten zuständig und auch dessen disziplinarischer Vorgesetzter, da er nach dem Studium in Ihrer Abteilung tätig sein wird. Der betreffende Student ist im 3. Semester. Da Sie selbst erst seit 6 Monaten in dieser Funktion sind, haben Sie zunächst seine Personalakte geprüft und dabei festgestellt, dass trotz anderslautender vertraglicher Vereinbarung noch kein einziges Zeugnis aus dem Studium vorgelegt wurde. Die BA teilte Ihnen auf telefonische Anfrage jedoch mit, dass die akute Gefahr besteht, dass der Student einige Prüfungen nicht bestehen wird und somit ggf. ein komplettes Studienjahr wiederholen müsste. Der Notendurchschnitt liegt bei 3,6. Die einzige mit „gut" bewertete Leistung ist Französisch. Die Bewertungen der Praxisphasen finden Sie als Anlage. Sie haben den Studenten nun zu einem Kritikgespräch einbestellt.

Vorbereitungszeit: 5 min
Durchführung: 15 min

Instruktionen für den Rollenspielpartner
Übung 02
    Die Teilnehmer erhalten neben der schriftlichen Praxisbewertung folgende Informationen:
    Sie sind bei der Fa. Universal Exports für die Betreuung eines BA-Studenten zuständig und auch dessen disziplinarischer Vorgesetzter, da er nach dem Studium in Ihrer Abteilung tätig sein wird. Der betreffende Student ist im 3. Semester. Da Sie selbst erst seit 6 Monaten in dieser Funktion sind, haben Sie zunächst seine Personalakte geprüft und dabei festgestellt, dass trotz anderslautender vertraglicher Vereinbarung noch kein einziges Zeugnis aus dem Studium vorgelegt wurde. Die BA teilte Ihnen auf telefonische Anfrage jedoch mit, dass die akute Gefahr besteht, dass der Student einige Prüfungen nicht bestehen wird und somit ggf. ein komplettes Studienjahr wiederholen müsste. Der Notendurchschnitt liegt bei 3,6. Die einzige mit „gut" bewertete Leistung ist Französisch. Die Bewertungen der Praxisphase finden Sie als Anlage. Sie haben den Studenten nun zu einem Kritikgespräch einbestellt.

Vorbereitungszeit: 5 min
Durchführung: 15 min

Als Rollenspielpartner vertreten Sie folgende Auffassungen:

- Theorie ist unwichtig, aber Ihre Praxisleistungen sind aus Ihrer Sicht gut. (Was jedoch so nicht stimmt.)
- Eine 4 ist ausreichend und reicht somit aus.
- Sie müssen nebenher als Türsteher in einer Disco arbeiten, um Ihren Lebensstandard zu halten. Daher können sie nicht so viel lernen.
- In der Vergangenheit hat sich auch niemand für die Noten interessiert.
- Im Grundstudium gibt es viele schwierige Prüfungen, im Hauptstudium wird das alles einfacher.

Bitte verwenden Sie keine anderen Argumente!

Neben der Beobachtung der Kompetenzen „Sozialkompetenz" und „Ergebnisorientierung", die idealerweise im Gleichgewicht sind, sollte diese Übung auch herausfinden, ob den Bewerbern klar ist, dass sie bei einem Studium, in dessen Verlauf sie Angestellte eines Unternehmens sind, auch klare Leistungsvorgaben erfüllen müssen und sie damit natürlich in der Planung ihrer Freizeit deutlich eingeschränkter sind als „normale" Studierende.

Dieses Beispiel wendet sich an eine berufsunerfahrene Zielgruppe und ist daher in der Problematik recht eindimensional. Bei erfahreneren Führungskräften möchte man natürlich auch beobachten, wie ein solches Gespräch aufgebaut wird und wie gut derjenigen auch zuhören kann. Daher „versteckt" man dann üblicherweise noch ein komplexeres Problem, zu dem der Teilnehmer nur durch geschickte Gesprächsführung vordringen kann.

Folgendes Beispiel soll dies illustrieren:

Rollenspiel 1 Vorgesetzter

Es ist um das Jahr 2000. Sie sind Bernd Dietrich, 39 Jahre alt und Leiter einer großen Bankfiliale. Diese hat im Rahmen der technischen Neuerungen auf Automatenbetrieb umgestellt. Geeignete Mitarbeiter sollen nun in Vertriebspositionen wechseln. Nicht geeignete Mitarbeiter sollen abgebaut werden. Sie suchen nun das Gespräch mit Frau Sarges. Fr. Sarges ist im Betriebsrat. Das ist aus zwei Gründen wichtig: einerseits wollen Sie sie als Stakeholder für den Prozess gewinnen. Zum anderen können Sie ihr aufgrund des Mandats nicht kündigen und möchten Sie für die neue Position begeistern.

Rollenspiel 2 Mitarbeiter

Es ist um das Jahr 2000. Sie sind Frau Sarges, 42 Jahre alt und arbeiten bei einer großen Bankfiliale. Diese hat im Rahmen der technischen Neuerungen auf Automatenbetrieb umgestellt. Das halten Sie für vollkommen unnötig und übertrieben. Sie glauben, dass der Kunde die persönliche Ansprache braucht und sind überzeugt davon, dass sich das niemals durchsetzen wird. Nun hat es sich schon rumgesprochen, dass man von den Angestellten erwartet, dass sie nun Vertrieb machen und Finanzdienstleistungsprodukte verkaufen. Dies ist vollkommen inakzeptabel für Sie, da Sie

6.2 Das Assessment-Center

das als unter Ihrer Würde betrachten. Hinzu kommt, dass Sie auch Angst davor haben, was passiert, wenn Sie Ihre Ziele nicht erreichen. Ihr Mann ist kürzlich mit der Sekretärin nach Brasilien durchgebrannt und das Haus ist noch nicht abbezahlt. Sie haben zwei pubertierende Töchter. Die unsichere Zukunft macht Ihnen Angst. Sie sind im Betriebsrat und wollen sich aktiv gegen den Wandel sperren.

Übliche Situationen für Rollenspiele sind:

- Konfliktgespräche
- Führungssituationen
- Feedbackgespräche
- Verkaufsgespräche
- Reklamationen
- Kritikgespräche

Folgendes Beispiel zeigt ein Rollenspiel für ein Assessment-Center für angehende Führungskräfte im Vertrieb im Einzelhandel. Hier ging es darum herauszufinden, ob der Teilnehmer nicht versucht, sich das Wohlgefallen des Kunden durch unwirtschaftliche Zugeständnisse zu erkaufen. Gleichzeitig hatte der Kunde de jure zwar Unrecht, dennoch war seine Verärgerung nachvollziehbar. Außerdem sollte abgeprüft werden, ob der Kandidat über ausreichend Sozialkompetenz verfügt, um herauszufinden, dass es neben dem offensichtlichen Problem noch ein wesentlich wichtigeres gibt. Den Teilnehmern war bekannt, dass die Anlieferung der bestellten Ware über einen Spediteur erfolgt und das baumarktunternehmen daher keine Zusagen über Liefertermine machen kann, sondern höchstens Wünsche des Kunden an den Spediteur weiterleiten kann. Ob dies funktioniert ist fraglich, da auch der Spediteur häufig mit Subunternehmern arbeitet.

Instruktionen Bewerber
Es ist 19.35 am Abend. Sie sind gerade dabei, Ihre Retouren zu bearbeiten. Da fällt Ihnen auf, dass ein Kunde mit einem verärgerten Gesichtsausdruck durch den Marlt läuft. Er scheint etwas zu suchen. Sie kennen den Kunden, weil er sein ganzes Projekt mit Taktiker durchgeführt hat. Sie gehen nun auf ihn zu, um herauszufinden, wo das Problem liegt und ihm bei der Lösung zu helfen. Es ist Ihr Ziel, den Kunden auf jeden Fall zu halten, weil er ein großer Kunde mitten in einem Umbauprojekt ist.

Instruktionen Rollenspielpartner
Sie sind Kunde bei Taktiker und am frühen Abend noch einmal schnell in den Markt gegangen, um Sicherheitsabdeckungen für Steckdosen zu kaufen, da Sie ein zweijähriges Kind haben. Sie laufen nun schon nach Ihrer Wahrnehmung ewig durch den Markt und finden den Artikel nicht. Sie sind genervt, weil die Abdeckungen nicht da sind, wo sie Ihrer Meinung nach sein sollten, nämlich bei den Steckdosen. Außerdem sind Sie irritiert, weil Sie noch nicht von einem Verkäufer angesprochen wurden.

Aber Sie sind auch noch aus einem anderen Grund sauer. Sie haben ein Gerätehäuschen gekauft. Da Ihre Familie noch nicht im neuen Haus wohnt und Sie viel zu tun haben, hatten Sie dem Verkäufer in der Gartenabteilung gesagt, man möge das kleine Gerätehäuschen (ca. 60 qm Grundfläche, 1,70 m hoch) einfach in der Einfahrt abstellen. Das Marktbüro hat Sie dann wegen eines Liefertermins angerufen und darauf bestanden, dass jemand da ist, der die Ware in Empfang nimmt und quittiert. Die Lieferung erfolgte dann am äußeren Ende des Zeitfensters, sodass Sie den ganzen Tag warten mussten. Darüber sind sie äußerst verärgert. Einerseits sind sie grundsätzlich damit nicht zufrieden, dass es keine Liefertermine gibt. Konkret haben Sie sich dann darüber geärgert, dass die Ihnen gegenüber getroffene Zusage nicht eingehalten wurde.

Da Sie an sich ein sehr zufriedener Kunde sind, der sein ganzes Projekt erfolgreich mit Taktiker umgesetzt hat, sind Sie grundsätzlich bereit, mit sich reden zu lassen. Aber die zusätzliche Information über das Gerätehaus geben Sie nur dann, wenn Ihr Gegenüber Sie durch aktives Zuhören dazu ermutigt. Sie lassen sich auch nur dann auf eine Diskussion ein, wenn der Marktmitarbeiter durch aktives Zuhören die Emotionen aus der Situation herausnimmt.

Gruppendiskussionen

Gruppendiskussionen sind organisatorisch und konzeptionell betrachtet eine sehr einfache Form der Assessment-Center-Übung. Gruppen müssen entweder gar nicht oder nur in geringem Umfang geteilt werden. Dadurch ist der Ablauf relativ unproblematisch zu gestalten. Zum anderen beschäftigen Gruppendiskussionen sich selten mit inhaltlich tiefen Fragestellungen, da die Interaktion der Teilnehmer untereinander ja im Mittelpunkt steht. Eine zu tiefe inhaltliche Diskussion kann dazu führen, dass ein Teilnehmer nicht auf Basis seines Gruppenverhaltens bewertet wird, sondern dass ein Wissensvorsprung zu einer besseren Bewertung führt. Allerdings sollte man sich inhaltlich auch nicht zu weit von Themen entfernen, die für die konkrete Stelle relevant sind. Führt man diese Diskussionen vollkommen inhaltsfrei, so droht die Gefahr, dass die Teilnehmer Rituale durchspielen, weil sie keine Meinung zu einem Thema haben und dadurch positiv bewertet werden. Assessment Center-Ratgeber empfehlen Teilnehmern daher meistens eine moderierende Rolle einzunehmen, z. B. Protokoll zu führen, Regeln aufzustellen und auf die Zeit zu achten. Wenn es zu einer solchen Rollenzuweisung kommt, kann es auch passieren, dass Teilnehmer inhaltlich nicht mehr beitragen können oder wollen und eine rein prozessuale Rolle übernehmen. Gerade wenn eine Person an Flipchart oder Pinnwand steht, schneidet er in der Bewertung häufig schlechter ab, weil er mit dem Rücken zur Gruppe steht und selbst inhaltlich wenig beiträgt. Der Übungstyp birgt auch das Risiko in sich, dass die Teilnehmer, um sozialkompetent zu wirken, jeden Konflikt vermeiden und in die Beliebigkeit abdriften. Daher sollte die „weiche" Seite des Verhaltens und der Verträglichkeit im Umgang mit anderen immer mit „harten" Faktoren wie Ergebnisorientierung in Einklang gebracht werden.

6.2 Das Assessment-Center

Grundsätzlich unterscheidet man zwischen zwei Formen der Durchführung. Einerseits kann man nur die Situation vorgeben und dann beobachten, wie Personen sich verhalten. Das hat aber in der Regel z. B. zur Folge, dass dominante Persönlichkeiten die Führung an sich nehmen und man nicht beobachten kann, ob diejenigen deren natürliche Rolle die Führung nicht ist, diese trotzdem wahrnehmen können, wenn es von ihnen erwartet wird. Andererseits stellt sich die gleiche Frage bei dominanten Personen, die sich unterordnen müssen. Daher hat man auch die Möglichkeit, den Teilnehmern mit den Instruktionen Rolle und Argumente vorzugeben. Der Nachteil ist jedoch, dass es eine künstliche Verzerrung der Situation ist, wenn jemand nicht so agieren kann, wie er es unter normalen Umständen tun würde. Hier droht dann eben wie bei anderen Übungen auch die Gefahr, dass das ganz zu spielerisch wird und nicht mehr den beruflichen Alltag abbildet.

Folgende Übung in englischer Sprache wurde in einem Assessment-Center für obere Führungskräfte angewandt. Es handelte sich um einen multinationalen Konzern und eine internationale Teilnehmergruppe. Neben dem Verhalten innerhalb der eigenen Gruppe sollte hier auch das Verhandlungsgeschick abgeprüft werden. Die Rollen waren vorgegeben, aber jeder hatte den gleichen Informationsstand, sodass die jeweiligen Befindlichkeiten und Standpunkte auch in der Diskussion berücksichtigt werden konnten. Die Firma ist im Automotive-Bereich aktiv, jedoch nicht im Bereich Dichtungssysteme. Dennoch sind die Gesetzmäßigkeiten übertragbar. Die Teilnehmer wurden sowohl in der Gruppenphase wie auch in der Verhandlungssituation beobachtet. Dieses Beispiel zeigt auch, wie fließend der Übergang zwischen Übungstypen sein kann, weil hier im Prinzip eine Fallstudie als Gruppenübung eingesetzt wird.

Negotiation

Rubber Technologies Inc. (RT) is a world wide company specializing in sealing systems for cars. Originally, it was a traditional mid sized German company. Due to demands from their main customer American Motor Cars to become a global supplier the company has bought several smaller companies in that field and built up new production facilities in South America and Poland. In North America RT have acquired a company with engineering facilities in Detroit and a plant (400 employees) in Quebec. This generally has turned out to be a difficult undertaking as the Americans and the Canadians in that company do not get along. In addition to that no one really speaks French so the degree of control is not very high. Generally, the facilities in Quebec are running at a headcount of 130 % and the number of faulty parts is extremely high. There seems to be a general atmosphere of distrust and intransparency about.

On the one hand the company sees this as a great opportunity to be a global player as other national areas of the business, such as roofing, shoes etc. had to be closed down because they were no longer profitable. On the other hand, they feel a certain loss of control due to language issues but also because of the different national standards in quality management with each individual customer. Much to their surprise they found out that their main customer AMC requires a completely different level of documentation in the States than in Germany. Another issue is the fact that they are not sure about the quality of the designs made in Detroit. They think there is a possibility that the high number of faulty parts is directly related to a faulty design.

RT produce windscreen sealing for two AMC cars, the Spectre and the Sapphire. However, the deal was that they supply complete windscreens, so RT actually buys the windscreen itself, puts in the rubber sealing and then sells the completed product to AMC. In theory this is a good idea for RT as it allows them to have a longer value creating chain and both the Spectre and the Sapphire are best selling cars. Unfortunately, the number of windscreens damaged in the logistics process is fairly high and also the number of faulty sealings. The glass cannot be re-used in either case. This means that altogether the absolute losses incurred are higher than the estimated profit from selling that part. It is unclear whether the transport damage is actually caused by RT (i. e. damaged parts are shipped), by the logistics company or by AMC during unloading and storage. In combination with the high number of employees the factory in Canada is incurring high losses. Just to cover the losses on the windscreen would require an increase in price of 28 %. For all other parts the prices need to rise by 2–5 % to become profitable.

In combination with the fact that the parent company in Germany is also just about profitable, the supervisory board has set a deadline by which the issue has to be resolved. If it is not resolved the Canadian facilities will be sold off.

AMC are very unhappy with their long term supplier RT. They used to be the supplier of choice in Germany and were therefore asked to supply sealing systems world wide by the new Head of Strategic Purchasing as they were known for their high quality and their reliability. The new factory is the South American supplier park is running smoothly but North America is a huge problem area. First of all, the collaboration itself is difficult. The standard of documentation for parts developed in Germany is not up the required standard in the US. Secondly, they are under the impression that the Americans and the Canadians are not really communicating as some of the designs are virtually impossible to produce with the technology they have in Quebec. This means that the number of faulty parts in general has risen by 26 % as opposed to the previous supplier. Clearly that is not acceptable. The main issue however are the windscreens for the two bestselling SUVs Sapphire and Spectre. 15 % of all windscreens are either damaged or the sealing is faulty. As there is no alternative supplier this has actually had an impact on the production line and delivery dates. Production is way too slow. A competitor has also launched a new range of SUVs and there is a price war going on. AMC have the strategy "now or never" as the cars will become less profitable and the market will be saturated soon. For AMC the issues with RT are a very serious and urgently need to be resolved. AMC has now called a meeting to resolve the issue.

The following people are involved in the negotiations:

RT:
Karlheinz Sturm, CEO: he used to be the CFO of the holding that owns RT. He chose to turn towards the role of CEO of a subsidiary because he felt that an operational

success would be vital for his for his career. He has set his sights on becoming the CEO of a major international company. So the successful internationalization of RT would be a feather in his cap. He is in his early forties. He is under severe criticism from the supervisory board. His function used to include the tasks of a CFO but they were taken away from him three months ago.

Bernd Puchinger, Chief Technology Officer: he is in his early fifties. He was made redundant from a senior position at a major automotive supplier for reasons unknown. He then spent two years as a consultant and ad-interim manager. He was approached by a headhunter for this position and sees it as his last opportunity to get back into line management. He can be very abrasive in his manner.

Konrad Dietrich, CFO: in his early thirties. He used to work closely with the chairman of the supervisory board a couple of years ago when they restructured a US company. He is very ambitious and mistrusts his colleagues deeply. He thinks that they were very careless in planning the internationalization and that they simply do not have the experience for such a task. One of his main concerns is the lack of information about the Canadian factory.

Andre de la Plume: he is in his late 40s and runs the Canadian factory. He is a chartered accountant and used to be the right hand man of the previous owner. Apparently he had made him promises regarding a partnership that were thwarted by the acquisition. There is currently no technical director at the factory but only five heads of department reporting directly to him.

Pierre Aboud, Chief Human Resources Officer. He is in charge of a different division of the company but as CHRO he is part of the overall management team and he is under a lot of pressure because a lot of the problems seem to come from the fact that he has too little insight into the overall HR structure of the company. As he is not very popular with the supervisory board, he is afraid to lose his job.

Jack Grabowski is 65 and retired last year from a competitor. He has been hired on a freelance basis to restructure the Canadian factory.

AMC:
David Brent, VP Business Unit SUVs: in his late fourties, a veteran with the company. He developed the new range of SUVs that are highly successful and saved the company from serious financial trouble. He is tipped to become a member of the board in the next year. So the success of the SUV BU is vital to his career.

Faruk Bulsara, Head of Strategic Purchasing: in his early fourties, headhunted from a competitor two years ago. It was his idea to work with worldwide suppliers exclusively. He lead the negotiations with RT and brokered the deal. He is very ambitious.

Peter Bews, lead engineer in developing the Sapphire and the Spectre. He is Canadian but has worked in the USA for over twenty years. He is in his mid fifties. He is not entirely sure if he was careful enough in approving RT's design which might be faulty.

Michel Souris, legal department. He is under a lot of pressure since people in the company claim that he should have pressed harder for compensation in the contracts in case RT can't deliver.
Ronald Hector: high potential graduate recruit, tipped to be Brent's successor.

Please split up into two groups (RT and AMC) and read the case study. Please clarify any unclear points with the trainer. In a next step distribute the roles and nominate observers. Each group then prepares the negotiation. This is then presented and discussed. When both groups have agreed on a strategy, the actual negotiations take place. The observers take notes and provide feedback as to how the strategy worked out.

Folgende Übung ist eher allgemein und wurde in ähnlicher Form in einem Assessment-Center verwendet, in dem Trainer für ein Weiterbildungsinstitut ausgewählt wurden. Die Bewerber waren in der Altersgruppe zwischen 35 und 45 und hatten mindestens 10 Jahre Berufserfahrung. Einige waren bereits in der Weiterbildung tätig gewesen, andere waren Quereinsteiger, was in der Branche nicht unüblich ist. Bei dieser Übung ist kritisch zu bemerken, dass sie für die Zielgruppe deutlich zu wenig anspruchsvoll war und eigentlich auch klar war, was sozial erwünschte Antworten und Verhalten war. Dadurch fand dann diese ritualisierte Form der Gruppendiskussion statt, die wenig damit zu tun, wie man sich im Berufsalltag verhalten würde.

Gruppendiskussion
Sie sind Führungskräfte im Außendienst eines Finanzdienstleisters und Teilnehmer bei einem Seminar zum Thema Zielvereinbarung. Der Trainer ist sehr prozessorientiert. Es gab am ersten Tag keinen strukturierten Input, sondern ausschließlich Gruppendiskussionen und Rollenspiele. Bei den Rollenspielen war für Sie nicht klar erkennbar, in welche Richtung das gehen sollte, da keine Verankerung in Inhalten erkennbar war. Den Nachmittag haben Sie dann damit verbracht, mit einer Art Knetmasse Ihre Ziele für das aktuelle Jahr darzustellen. In der anschließenden Gruppendiskussion wurde dann als Erkenntnis aus dem Tag herausgearbeitet, dass Wünsche und Ziele nicht das gleiche sind. Sie sind mit dem Verlauf des Seminars nicht zufrieden. Als erfahrene Führungskräfte sind Sie grundsätzlich mit dem Thema Ziele vertraut. Sie möchten daran arbeiten, wie Sie mit Einwänden gegen das neue Zielvereinbarungssystem umgehen können bzw. wie sie dies erklären können. Die Vorgehensweise ist für Sie deutlich zu ineffektiv. Sie haben sich nun nach dem Seminar zusammengesetzt, um zu besprechen, wie Sie dem Trainer Feedback geben möchten.
Zeit: 45 min

Gerade diese Übung zeigt, wie relativ einfach es sein kann, mit inhaltsleeren Ritualen und Kommunikationstechniken gut bewertet zu werden. Natürlich wissen Kommunikationstrainer, welche Verhaltensweisen in einem solchen Kontext von Ihnen erwartet werden und dass der Fokus der Beobachter weniger auf dem Ausgang der Übung, sondern vielmehr auf dem Prozess liegen wird. Kümmert man sich um die Rollenverteilung, moderiert und hört aktiv zu, wird man in dieser Übung positiv bewertet werden.

Generell ist gerade bei solchen Gruppenübungen zu beachten, ob es sich um eine direkte Konkurrenzsituation handelt, d. h. ob alle Teilnehmer im Wettbewerb um eine Position stehen. Ist dies der Fall empfiehlt es sich, diesen Übungstyp nicht einzusetzen, da die Wettbewerbssituation dazu führen kann, dass das Verhalten der Teilnehmer beeinflussen kann. Insofern empfiehlt es sich in solchen Fällen eher auf Einzel-Assessment Centers auszuweichen.

Präsentation

Sehr viele Übungen im Assessment-Center enden in irgendeiner Form mit einer Präsentation, sei es in Form von Ergebnissen einer Fallstudie, einer Gruppenarbeit o. ä. Bei der Übung Selbstpräsentation wurde ja bereits darauf hingewiesen, dass diese meist sehr positiv bewertet wird, weil sie mehr oder weniger inhaltsleer ist und dem Bewerber sehr viele, auch spielerische Möglichkeiten gibt, sich darzustellen. Es gibt allerdings auch einen Übungstyp, in dem der Teilnehmer z. B. Texte bekommt und diese in eine Präsentation zu einem Fachthema umarbeiten muss. Hierbei kann man sowohl Themen nehmen, die eng mit der zu besetzenden Stelle zusammenhängen oder aber möglichst wenig damit zu tun haben. Im ersten Fall prüft man neben der Präsentationsfähigkeit die Fachkompetenz ab, im zweiten Fall jedoch das Vermögen unbekannte Inhalte analytisch zu durchdringen. Wie bereits erwähnt, sind die meisten Assessment-Centers in der Ausstattung sehr konventionell, d. h. man arbeitet mit Moderationskoffer, Flipchart und Pinnwand. Hier wird dann häufig der nicht unberechtigte Einwand angeführt, dass dies heute keine übliche Art der Präsentation mehr ist, sondern dass IT gestützte Präsentationen der Standard sind. Insofern sollte man in einem zeitgemäßen Auswahlverfahren die entsprechende IT Infrastruktur zur Verfügung stellen.

Arbeitsproben

Da es bei einer Auswahlentscheidung ja in vielen Fällen, um die Eignung für eine ganz konkrete Position geht, in der auch Fachkenntnisse oder -fertigkeiten entscheidende Erfolgsfaktoren sind, greift ein reines Abprüfen abstrakter Kompetenzen zu kurz. Besonders wichtig ist daher also auch die Fachkompetenz. Insofern kann es in vielen Fällen sinnvoll sein, die „Laborsituation" AC zu verlassen und konkrete Arbeitsproben einzufordern, die dann auch den Anspruch erheben müssen, nicht in einer unrealistischen Situation unter Zeitdruck entstanden zu sein, sondern die nach bestem Wissen und Gewissen des Teilnehmers „fertig" sein müssen. Je mehr Eigenständigkeit die Stelle vom Kompetenzträger verlangt, desto wichtiger wird dies. Grundsätzlich kann man sich Arbeitsproben aus der Vergangenheit zeigen lassen. Dies birgt allerdings das Problem in sich, dass diese unter Umständen in einem ganz anderen Zusammenhang entstanden sind, der auch andere Anforderungen an den Bewerber stellte und eine Vergleichbarkeit nicht gegeben ist. Zum anderen aber besteht auch das Problem der Vertraulichkeit, da die Arbeitsergebnisse ja meist Eigentum des Arbeitgebers sind.

Insofern bietet es sich an, Arbeitsproben erstellen zu lassen, die für dieses konkrete Auswahlverfahren angefertigt werden. Allerdings muss man hier auf das Thema Urheberrecht achten. Grundsätzlich ist bei der Einladung darauf hinzuweisen, dass sämtliche für und während des Assessment-Centers erstellten Unterlagen Eigentum des durchführenden Unternehmens werden. Es empfiehlt sich dann auch, diese Unterlagen im Anschluss zu vernichten, auch wenn man durchaus argumentieren könnte, dass der Mehrwert solcher Unterlagen ein Zusatznutzen eines Assessment-Centers sein kann. Allerdings besteht das Risiko, dass abgelehnte Teilnehmer aus dem Kind-Ich heraus dem potenziellen Arbeitgeber unterstellt, dass er das geistige Eigentum des Bewerbers widerrechtlich aneignen möchte. Selbst wenn dies rechtlich eine irrelevante Fragestellung ist, kann dennoch relativ viel Aufwand dadurch verursacht werden bzw. auch die Außenwirkung kann für das Unternehmen negativ sein. Ein konkretes Beispiel ist ein Trainingsinstitut, das den Teilnehmern die Konzeption und Durchführung einer Trainingssequenz als „Hausaufgabe" gegeben hatte. Der abgelehnte Teilnehmer war im Rückmeldegespräch sehr aggressiv und zeigte auch kein Verständnis für die Entscheidung. Im Nachgang entfachte er dann einen sehr aufwendigen Papierkrieg um die angebliche Nutzung seiner Konzepte. Tatsächlich waren diese vernichtet worden (weil sie auch nicht gut waren), aber der Aufwand der ständigen Rechtfertigung war enorm. Daher kann es durchaus sinnvoll sein, die Aufgabe zu verfremden. So suchte ein Pharmaunternehmen z. B. einen Grafiker für einen neuen Geschäftsbereich mit neuen Marken und Produkten. Die erste Arbeitsprobe war natürlich die Bewerbung selber. War diese nicht professionell und originell gestaltet, war dies ein sofortiges Ausschlusskriterium. In die engere Auswahl kam so z. B. eine Bewerberin mit dem Nachnamen Wolf, die in der Bewerbung mit den Motiven „Wolf" und „Rudel" spielte. In der Endrunde bekamen die Bewerber dann die Aufgabe, eine Kampagne für den Re-Launch der 2009 in Insolvenz gegangenen Unterwäschefirma Schießer zu gestalten. Als Arbeitsprobe war diese Aufgabe hervorragend geeignet, weil sie einerseits die technischen und gestalterischen Fähigkeiten der Bewerber sichtbar machen konnte. Andererseits zeigte sich so auch der kreative Zugang zu einem Thema sowie das Verständnis für Marketing. An diesem Punkt konnten viele Bewerber ausgesiebt werden, weil sie zwar gestalterisch gut waren, sich jedoch nicht darauf einlassen konnten oder wollten, konkrete Marketingziele in eine Werbekampagne zu übersetzen. Das Unternehmen hatte diese Aufgabenstellung bewusst gewählt, weil man sich eben nicht dem Vorwurf aussetzen wollte, Ideenklau betrieben zu haben.

Das gleiche Unternehmen setzte für eine Zielposition an der Schnittstelle zwischen Marketing und Forschung ein anderes Assessment-Center ein. Es ging dabei um ein konkretes Produkt, bei dem es bei falscher Injektionstiefe zu Nebenwirkungen kommen konnte. Die Bewerber hatten mit 4 Wochen Vorlauf die Aufgabe bekommen, eine Schulungssequenz für die Zielgruppe Dermatologen zur Anwendung dieses Produkts zu entwickeln und dann im Assessment-Center vorzustellen. Hierbei ging es zum einen darum, didaktische Kenntnisse und Fähigkeiten in Konzeption und Durchführung medizinischer Schulungsmaßnahmen abzuprüfen. Zum anderen war es für die Position aber auch sehr wichtig, dass der Stelleninhaber sich in der Tiefe mit den jeweiligen Wirkstoffen auskennt.

6.2 Das Assessment-Center

Deshalb hat man sich in diesem Fall dafür entschieden, mit Inhalten der konkreten Stelle zu arbeiten. Mögliche Konflikte in der Verwendung der Ergebnisse waren weniger wichtig als die Notwendigkeit den Stand der Fachkenntnisse sichtbar zu machen. Insofern ist auch hier ein Abwägen gefragt.

Wendet man die Arbeitsprobe als Aufgabentyp an, so gilt, dass die Arbeitsprobe unter realistischen Bedingungen, also vor allem auch mit angemessenem Zeitaufwand, erledigt werden können. Eine besondere Form der Arbeitsprobe ist das sogenannte Probearbeiten. Dieses Instrument ist zunächst sehr sinnvoll, weil es beiden Seiten die Gelegenheit gibt, sich in der konkreten Arbeitssituation kennen zu lernen. Aber man muss darauf achten, dass das Instrument nicht ganz unumstritten ist, weil es von potenziellen Arbeitnehmern auch als Ausbeutung betrachte werden kann, da Probearbeiten grundsätzlich unbezahlt ist. Die Probearbeit biete auch die Möglichkeit, mehrere Blickwinkel auf den Bewerber zu verbinden, um so eine 360 Grad Beurteilung zu bekommen. Allerdings gibt es im Augenblick keine belastbaren Daten zur Validität des Probearbeitens. Doch letztlich können zusätzliche, im konkreten Umfeld gewonnene Informationen der Entscheidungsqualität nur zuträglich sein. Es muss aber auch allen Beteiligten klar sein, dass dies nicht bedeutet, dass Personalentscheidungen basisdemokratisch getroffen werden, sondern dass dies nur ein weiterer Blickwinkel ist, den die Entscheider berücksichtigen. Unter Umständen können potenzielle Kollegen ja auch egoistische Interessen vertreten. Man sollte dann auch unbedingt darauf achten, dass das Feedback der Beteiligten strukturiert eingeholt wird, so. z. B. durch einen moderierten Workshop oder aber durch strukturierte Vorgaben, die den Detaillierungsgrad der Beobachtungen vorgeben. Allerdings setzt das Arbeitsrecht hier auch Grenzen. Grundsätzlich spricht man bei einem solchen Probearbeiten von einem sog. Einfühlungsverhältnis, aus dem zunächst keine gegenseitigen Rechte und Pflichten entstehen. Der Bewerber bekommt die Möglichkeit, sich umzuschauen und der potenzielle Arbeitgeber kann die Fähigkeiten des Bewerbers testen. Allerdings ist hier genau darauf zu achten, ob dieses Probearbeiten nicht den Charakter eines Arbeitsverhältnisses hat, d. h. die Firma darf nicht das Direktionsrecht wahrnehmen. So hat die Rechtsprechung z. B. Probearbeiten in einem Callcenter als Zustandekommen eines Arbeitsvertrags gewertet, da der Bewerber nach Vorgaben der Firma arbeiten musste und in Abläufe und Prozesse eingebunden war (Vgl. Haufe.de). Eine Betrachtung der aktuellen Praxis der Rechtsprechung legt nah, dass das Thema grundsätzlich immer mit einem Restrisiko behaftet ist. Auf keinen Fall darf der Arbeitgeber dem Arbeitnehmer Aufgaben zuweisen, die dieser dann eigenständig zu erledigen hat. Ebenso ist zu beachten, dass der Bewerber nur unter bestimmten Bedingungen über die Berufsgenossenschaft unfallversichert ist. Auch sollte man sich nachweisen lassen, dass der Bewerber über eine Privathaftpflichtversicherung verfügt, die für Schäden aufkommt, die dieser ggf. in der Firma verursacht. Beim Probearbeiten ist natürlich auch die Frage nach der Akzeptanz durch den Bewerber zu stellen. Diese wird wahrscheinlich umso niedriger sein, desto höher der Kandidat in der Hierarchie steht. Letztlich ist es auch vom Reifegrad des Unternehmens abhängig, inwiefern eine hierarchieübergreifende Mitwirkung bei einer Personalentscheidung aufgenommen wird.

6.3 Andere Verfahren

Wie bereits erwähnt, ist das Assessment-Center die bekannteste und wohl auch am weitesten verbreitete multimodale Auswahlverfahren. Wie aufgezeigt bereitet eine professionelle Ein- und Durchführung einen sehr hohen Aufwand. Daher kann man durchaus einzelne Elemente des Assessment-Centers in ein einfacheres Auswahlverfahren einzubinden. Sinnvoll können z. B. vorgeschaltete Wissens- oder Leistungstests sein, die standardisierte Prüfungen vornehmen und damit erst den Zugang zum eigentlichen Bewerbungsverfahren ermöglicht, weil dies K.-O.-Kriterien sind. Das können bei Dualen Studienplätzen im Bereich Ingenieurswesen z. B. Mathematikkenntnisse sein. IT- und/ oder Sprachkenntnisse können ebenfalls auf diese Art geprüft werden. Ein solcher Test kann z. B. auch bei der Auswahl von Azubis sehr sinnvoll sein, wenn der Bewerber eher durchwachsene Leistungen in der Schule gezeigt hat. Ein vorgeschalteter Test biete die Möglichkeit sich von dieser Sicht zu lösen und stellenspezifisches Wissen zu prüfen. Hierdurch kann dann in der Summe der Aufwand im folgenden Auswahlprozess reduziert werden.

Auch andere Elemente wie z. B. Rollenspiele können in einen interviewbasierten Auswahlprozess eingebunden werden. Jedoch ist auf einer rein praktischen Ebene zu berücksichtigen, dass das den Zeitbedarf für das Gespräch vergrößert. Dies ist bei der Planung zu berücksichtigen und dem Kandidaten im Vorfeld mitzuteilen. Grundsätzlich ist dieser situative Einsatz von Assessment-Center Elementen ein zweischneidiges Schwert. Es kann sehr sinnvoll sein, wenn man bei bestimmten Themen genau sehen will, wie jemand konkret auf eine Situation reagiert. Jedoch ist dabei zu beachten, dass fraglich ist, wie groß die Akzeptanz durch den Teilnehmer ist, insbesondere wenn er nicht darauf vorbereitet ist. Umgekehrt muss man auch fragen, wie professionell der Prozess der Auswertung ist, wenn man den Einsatz solcher Instrumente vorher selbst nicht geplant hat.

6.4 Entscheidungsfindung in multimodalen Verfahren

Bei multimodalen Auswahlverfahren sind eine Reihe von Personen in den Beobachtungsprozess eingebunden. Diese verschiedenen Blickwinkel werden in einer sogenannten Beobachterkonferenz zusammengeführt. Die Problematik liegt dabei darin, dass bei einem längeren Verfahren mit vielen Teilnehmern die Beobachtungen unter Umständen schon relativ lang zurückliegen und aufgrund der Vielzahl der beobachteten Teilnehmer nicht mehr klar vorhanden sind. Häufig ziehen diese Besprechungen sich dann auch bis spät in die Nacht, was der Qualität der Bewertung sicher nicht zuträglich ist. Insofern kann eine Verkürzung dieser Konferenz auch zur Steigerung der Qualität beitragen. Eine sehr sinnvolle Vorgehensweise kann daher darin liegen, nach jeder einzelnen Übung eine kleine Beobachterkonferenz durchzuführen, in der die Beobachter sich auf eine Bewertung für die konkrete Übung einigen und die wesentlichen Beobachtungen festhalten. In die eigentliche Beobachterkonferenz geht man dann mit diesen verdichteten Ergebnissen. Diese müssen natürlich professionell aufgearbeitet werden, d. h. auch die kleine Beobachterkonferenz muss straff moderiert werden, dass der 3er Kanon Beobachten-Beschreiben-Bewerten eingehalten wird und sich keine Bewertungsfehler einschleichen. Tab. 6.1 und 6.2 zeigen, wie durch die Trennung von Beobachtungs- und Bewertungsbögen eine vorschnelle Beurteilung verhindert werden kann. Im Anschluss an die Übung mussten dann beide Beobachter eine gemeinsame Bewertung abgeben.

Bewertungsbogen
Bei der Gesamtbewertung muss man auf verschiedene Dinge achten. Grundsätzlich darf man nicht mit Durchschnittswerten arbeiten, weil bestimmte Übungstypen oder auch bestimmte Kompetenzen höher oder niedriger bewertet werden. Enthält das Assessment-Center ein Interview, so wird dies meist besser bewertet als andere Übungstypen. Ebenso wird Sozialkompetenz meist besser bewertet als z. B. analytisch-strategische Kompetenz. Insofern muss jede Kompetenz gewichtet und einzeln betrachtet werden. Auch ist zu berücksichtigen wie die Leistung eines Teilnehmers sich über die Zeit entwickelt hat. Gerade bei mehrtägigen Veranstaltungen kann man einen Gewöhnungseffekt sehen. Aus dem gleichen Grund sollte man auch den direkten Vergleich von Teilnehmern über gemittelte Werte vermeiden. Entscheidend ist bei der Auswahlentscheidung, dass die Sollwerte klar definiert sind und nur solche Kandidaten in die Endauswahl kommen, die diese erreicht haben.

Tab. 6.1 Beobachtungsbogen

Beobachtungsbogen			
Beobachter	Teilnehmer	Teilnehmer	Teilnehmer
Kernkompetenz	Beobachtung	Beobachtung	Beobachtung
Analytische- strategische Kompetenz • Analytische Fähigkeit • Strategisches Denken • Urteilsvermögen • Verstehen von Zusammenhängen • Fähigkeit zum Problemlösen			
Sozialkompetenz • Teamfähigkeit • Kontaktfähigkeit • Offenheit für andere Meinungen • Präsentationsfähigkeit • Rhetorisches Vermögen • Kompromissfähigkeit • Fähigkeit zur Selbst- und Fremdkritik			

Tab. 6.2 Bewertungsbogen

Bewertung	Kompetenz	Teilnehmer					Teilnehmer					Teilnehmer					Teilnehmer				
		0	1	2	3	4	0	1	2	3	4	0	1	2	3	4	0	1	2	3	4
Übung 1	Analytisch- strategische Kompetenz																				
	Soziale Kompetenz																				
Bewertung	**Kompetenz**	0	1	2	3	4	0	1	2	3	4	0	1	2	3	4	0	1	2	3	4
	Ergebnisorientierung																				
	Leadership																				
Bewertung	**Kompetenz**	0	1	2	3	4	0	1	2	3	4	0	1	2	3	4	0	1	2	3	4
Übung 2/02	Analytisch- strategische Kompetenz																				
	Markt- und Kundenorientierung																				

Grundsätzlich gilt, dass auch beim Assessment-Center die endgültige Entscheidung nicht bei den Beobachtern, sondern bei der Führungskraft liegt. Gerade beim Assessment-Center muss man darauf sehr deutlich hinweisen, denn durch die Einbindung zahlreicher Beobachter und anderer Mitwirkender kann sehr leicht der Eindruck entstehen, dass die Verantwortung für die Personalentscheidung kollektiviert wird. Umgekehrt kann es auch zu Frustrationen bei den Mitwirkenden kommen, wenn nicht ihre Handlungsempfehlung umgesetzt wird.

In jedem Fall sollte bei einem Assessment-Center mindestens die Beobachterkonferenz von einem Moderator gestaltet werden, der nicht aktiv in die Bewertung eingreift, sondern nur die Prozessqualität sicherstellt. Das hat zum einen den ganz praktischen Grund, dass diese Beobachterkonferenzen zeitaufwendig sind und die Beurteilungsqualität in dem Maße sinkt, wie die Konzentrationsfähigkeit der Teilnehmer nachlässt. Insofern ist es unerlässlich, dass auf eine gewisse Zeitökonomie geachtet wird. Man darf jedoch auch nicht außer Acht lassen, dass das Assessment-Center nur ein scheinbar objektives Verfahren ist. Tatsächlich fließen jedoch nur viele verschiedene subjektive Sichtweisen in den Bewertungsprozess ein. Daher können die Diskussionen teilweise sehr kontrovers geführt werden und durchaus auch in persönlichen Auseinandersetzungen ausarten. Letztlich geht es aber auch um die Qualität der Bewertung, die dann steigt, wenn mögliche Bewertungsfehler durch straffe Moderation gefunden werden.

Man muss sich stets darüber im Klaren sein, dass trotz scheinbarer Wissenschaftlichkeit des Instruments eine Entscheidungsfindung immer über eine qualitative Diskussion stattfindet und rechnerische Bestimmungen letztlich nicht zielführend sind. Dies gibt dem Verfahren eine zusätzliche Dimension von Komplexität. Daher muss auch an dieser Stelle noch einmal deutlich darauf hingewiesen werden, dass ein solches Verfahren wirklich nur dann einen Mehrwert bietet, wenn die zur professionellen Durchführung notwendigen Ressourcen quantitativ wie qualitativ zur Verfügung stehen. Auch sollte man sich nicht der Illusion hingeben, dass solche Entscheidungen rein rational gefällt werden können. Viele Führungskräfte und Personaler werden ein Lied davon singen können, dass Personalentscheidungen, bei denen man Störgefühle ausgeblendet hat, sich dann häufig als falsch herausgestellt haben. Häufig findet man bei genauer Reflexion auch durchaus rationale Begründungen für diese Störgefühle. Trotzdem bleibt manchmal ein Gefühl der Antipathie oder der Nichtpassung in die Kultur der Organisation. Es ist sicherlich legitim, dann die Frage zu stellen, ob es den Kollegen, Mitarbeitern und Vorgesetzten zuzumuten ist, mit dieser Person zusammenzuarbeiten. Letztlich verbringen die meisten Menschen mehr Zeit mit ihrer Arbeit als mit ihrem Partner oder ihrer Partnerin.

Literatur

Arnold, C. (2013). Juristische Aspekte der Management Diagnostik. In W. Sarges (Hrsg.), *Management Diagnostik* (S. 50 ff.). Göttingen: Hogrefe.

Domsch, M., & Ladwig, D. (2013). Fallstudien. In W. Sarges (Hrsg.), *Management Diagnostik* (S. 693 ff.). Göttingen: Hogrefe.

Fay, E. (2002). Die Multifunktionalität des Assessment Centers. In E. Fay (Hrsg.), *Das Assessment Center in der Praxis* (S. 11 ff.). Göttingen: Vandenhoek & Ruprecht.

Garvin, D. (2003) Making the Case. *Harvard Magazine, 106(2003)* 56 ff.

Heyse, V., & Erpenbeck, J. (2007). *Kompetenzmanagement*. Münster: Waxmann.

Arbeitskreis Assessment Center e.V., o.V. (2004). Standards der Assessment Center Technik. Online im Internet: http://www.arbeitskreis-ac.de/index.php?option=com_content&view=article&id=150. Zugegriffen: 28. Juni 2016, 12.34.

o.V. (2014). Probearbeit und Schnuppertage: Was Arbeitgeber beachten müssen. https://www.haufe.de/personal/hr-management/probearbeit-schnuppertage-was-arbeitgeber-beachten-muessen_80_258070.html. Zugegriffen: 1. Juli 2016, 14.13.

Liebel, H., Meyer, H., & Schoon, D. (1996). Das Assessment Center bei der Auslese von Führungskräften. *Die Betriebswirtschaft, 56*, 743–758.

Scherm, M. (2013). „Fremdurteile". In Sarges, W. (Hrsg.), *Management Diagnostik* (S. 734 ff.). Göttingen: Hogrefe.

Stumpf, S. (2013). Planspiele. In W. Sarges (Hrsg.), *Management Diagnostik* (S. 700 ff.). Göttingen: Hogrefe.

Feedback   7

> **Zusammenfassung**
> Ein seriöses Auswahlverfahren bietet immer eine Feedback-Möglichkeit für den Teilnehmer. Dies ist nicht nur inhaltlich wichtig, sondern beeinflusst auch massiv die Außenwirkung des Unternehmens. Dabei ist zu berücksichtigen, dass nur eine professionelle Durchführung verhindern kann, dass es in einem solchen Gespräch zu persönlichen Konflikten kommt oder aber die gewünschte Botschaft nicht beim Kandidaten ankommt. Auch aus rechtlichen Gründen bietet sich eine schriftliche Fixierung und Archivierung des Feedbacks an.

Im Rahmen der AGG Einführung haben viele Anwälte Firmen geraten, bei Absagen keine Begründung anzugeben, um so mögliche Klagen zu vermeiden. Zum einen muss man nüchtern die Frage stellen, ob ein Bewerber, der eine qualifizierte Absage erhalten hat, eher bereit ist zu klagen, als jemand der die Entscheidung nicht nachvollziehen kann. Grundsätzlich zeichnen seriöse Auswahlverfahren sich jedoch immer dadurch aus, dass sie eine Feedbackmöglichkeit haben, auch wenn es keinen Rechtsanspruch auf eine qualifizierte Absage gibt. Der inhaltliche vielleicht sogar moralische Anspruch auf Auskunft bezieht sich nicht nur auf komplexe Verfahren wie das Assessment-Center, sondern auf jeden Auswahlprozess. Der Bewerber hat seine Zeit investiert und damit ist es ein Gebot der Höflichkeit, ihm ein Feedback zu geben, dass ihm die Entscheidung transparent macht oder im besten Fall sogar für die eigene Entwicklung hilfreich ist.

Wie eine Kündigung kann auch eine Absage in einem Bewerbungsverfahren als eine persönliche Zurückweisung erlebt werden. In der Wahrnehmung des Bewerbers kann so schnell die Ebene „Ich bin okay, Du bist okay" verlassen werden und die Nichtpassung auf eine konkrete Stelle als Zurückweisung der Person erlebt werden. Im einfachsten Fall kann das für das Unternehmen eine negative Außenwirkung zur Folge haben. Diese kann von mehr oder weniger qualifizierten Einträgen in sozialen Netzwerken,

Presseberichterstattung oder Mundpropaganda in einer Region oder Branche reichen. In Zeiten des Wandels vom Arbeitgeber- zum Arbeitnehmermarkt kann dies Probleme verursachen. Es kann zu Klagen kommen oder aber auch zu Bedrohungen. Man muss sich darüber im Klaren sein, dass je nach Lebenssituation und Persönlichkeit oft nicht mehr rational gehandelt wird, sondern das „Kind-Ich" Überhand gewinnt und es zu reinen Trotzreaktionen kommt. In jedem Fall bieten unqualifizierte Absagen ein Risikopotenzial, das umso größer wird, je später im Verfahren die Absage erfolgt. Bei einer Absage nach Aktenlage ist sicher keine detaillierte Rückmeldung erforderlich, aber wenn sich Nachfragen häufen, sollte man sich die Frage stellen, ob die Anforderungen auch wirklich transparent kommuniziert wurden. Dennoch benötigt jede klare Absage auch einen eindeutigen Bezugsrahmen in Form beschreib- und messbarer Anforderungen. Gerade hier zeigt sich auch die Problematik, wenn man mit Konstrukten wie Persönlichkeit oder Intelligenz arbeitet. Eine Trennung von Person und Eignung ist kaum mehr möglich und damit auch kein konstruktives Feedback.

Das klassische Feedback folgt dem Modell der dreiteiligen Ich-Botschaft. Dabei geht es letztlich darum, klar zu machen, dass das Feedback eine subjektive Wahrnehmung ist und es dem Empfänger freisteht, ob er es annehmen möchte oder nicht. Man folgt dabei diesem Muster:

1. Was habe ich beobachtet (wertneutral)?
2. Was löst das in mir aus?
3. Was wünsche ich mir für die Zukunft?

In der Interaktion unter gleichberechtigten Partnern ist dies sicher ein sinnvolles Modell, um auf die Ebene „Ich bin okay, Du bist okay" zu kommen. Allerdings liegen bei einem Auswahlprozess dahin gehend asymmetrische Machtverhältnisse vor, dass der Arbeitgeber die Anforderungen definiert und diese ein absoluter Maßstab sind. Kommunikationstrainer empfehlen häufig dann auch den sogenannten „Feedback Burger", in dem ein kritisches Feedback zwischen zwei positiven liegt. Auch das macht keinen Sinn. Wenn man nach einem Auswahlverfahren ein Feedback gibt, sei es weil der Kandidat bestanden hat oder auch nicht, dann soll die Botschaft eindeutig und nicht weichgespült sein.

Insofern hat jedes Rückmeldegespräch zunächst mit der Kommunikation der Entscheidung zu beginnen. Es wäre geradezu unanständig, einen Bewerber bei einer Entscheidung, die sein ganzes Leben betrifft, im Unsicheren zu lassen. Anders als bei der dreiteiligen Ich-Botschaft, bei der klar ist, dass es eben keinen absoluten Standard, sondern nur subjektive Reaktionen gibt, benötigt man bei einem Feedbackgespräch im Bewerbungsverfahren einen klaren Standard. Das sind die operationalisierten Anforderungen. Je genauer diese sind, desto einfacher ist es für den Bewerber, das Feedback nachzuvollziehen.

Das inhaltliche Feedback beginnt also mit der klaren Darlegung des vorher definierten Standards, z. B. „Wir haben analytisch-strategische Kompetenz als Kriterium für Führungskräfte festgelegt. Darunter verstehen wir, dass ein Bewerber in der Lage ist, eine komplexe Fallstudie, die nicht in seinen Aufgabenbereich fällt durch Anwendung von Analysewerkzeugen und klare Struktur lösen kann. Wir wollen hier vor allem zwischen Erfahrung und allgemeiner Analysefähigkeit unterscheiden." Je konkreter man wird und je mehr man sich von Verallgemeinerungen löst, desto einfacher ist, den Standard in Relation zur Beobachtung zu setzen. Dies wiederum ist eine Grundvoraussetzung für ein effektives Feedback.

Folglich besteht der nächste Teil des Feedbacks darin, das beobachtete Verhalten genau zu schildern. Daher ist es wichtig, wenn man die Ergebnisse verdichtet, nicht nur mit Durchschnittswerten zu arbeiten, sondern auch die qualitativen Aspekte festzuhalten und so aufzubereiten, dass man damit arbeiten kann (z. B. Schriftbild, Formulierung). Man meldet dem Kandidaten dann möglichst genau die Beobachtung im jeweiligen Zusammenhang zurück. Bsp.: „In der Fallstudie ging es um die Fragestellung der Marketingstrategie für ein Unternehmen. Im konkreten Fall ging es um strategische Entscheidungen in Bezug auf das Sortiment bzw. die Zielgruppe. In Ihrem Lösungsansatz sind Sie jedoch nicht auf die strategischen Aspekte eingegangen, sondern haben ausschließlich Vorschläge zum operativen Vorgehen gemacht, wie z. B. Buy-one-get-one-free-Aktionen oder 20 % auf alles."

Im Abschluss sollte man dann auf den konkreten Fall bezogen formulieren, was die konkreten Erwartungen gewesen wären. Bsp.: „Unsere Erwartung war, dass Sie eine Kundesegmentierung vornehmen und auf Basis derer eine Sortimentsbereinigung bzw. auch -ergänzung vornehmen."

Wichtig ist, dass man sich auf keine Diskussion einlässt. Natürlich neigen nicht wenige Kandidaten dann dazu, sich zu rechtfertigen oder darzulegen, dass das alles doch ganz anders war. Da die Entscheidung jedoch getroffen wurde, kann sich nichts mehr ändern. Eine inhaltliche Diskussion ist sinnlos und in der Regel werden solche Diskussionen dann zum Pingpongspiel, in dem man sich gegenseitig widerspricht. Das sollte man auch von vornherein klarstellen und den Bewerber bitten, sich auf Verständnisfragen zu beschränken. Einwänden sollte man auf der Meta-Ebene begegnen und antworten, dass eine weitere Diskussion nicht zielführend ist, weil die Entscheidung bereits getroffen wurde.

Folgender Dialog kann als Beispiel für ein solches Feedbackgespräch dienen. Es ging im konkreten Fall um eine interne Bewerbung auf eine Führungsposition und das Auswahlinstrument war ein ac, in das ein Testverfahren integriert war. Die Ergebnislage war so, dass der Kandidat bei allen Fragestellungen, die mit Gestaltungswille und Menschenorientierung zu tun hatten, sehr schlecht abgeschnitten hatte und damit für eine Führungsposition nicht geeignet war. Das qualifizierte Feedback war in diesem Fall besonders wichtig, da der Mann ein exzellenter Fachmann war, den man auf keinen Fall verlieren wollte.

Beispiel

Personaler: „Herr Schablonski, um es gleich vorwegzunehmen: Nach reiflicher Diskussion sind wir zu dem Schluss gekommen, dass wir Sie für die Position des Abteilungsleiters für nicht geeignet halten."

Kandidat: „Ja, aber…"

Personaler: „Wir werden Ihnen jetzt ein detailliertes Feedback zu unserer Entscheidung geben. Wenn Sie Verständnisfragen haben, stellen Sie diese bitte. Sie können uns aber auch gern in den nächsten Tagen noch ansprechen, falls Ihnen im Nachgang noch etwas einfällt. In der ersten Übung ging es darum, dass wir eine Fallstudie erstellt haben, in der Sie zu einer klaren Handlungsempfehlung in Bezug auf die künftige Strategie des Unternehmens kommen sollten. Sie haben uns dann in der Präsentation drei mögliche Optionen gegeben, die im Prinzip auch schon in der Aufgabenstellung enthalten waren. Unsere Kernkompetenz „Analytisch-strategische Kompetenz" definiert die Anforderung an Führungskräfte, dass sie auch in unsicheren Situationen zu klaren Handlungsempfehlungen kommen."

Kandidat: „Ja, aber das ging nicht, weil ich die Branche gar nicht kenne."

Personaler: „Wir differenzieren zwischen Erfahrung und „Analytisch-strategischer Kompetenz". Die Erwartung an eine Führungskraft ist, dass sie in der Lage ist, durch systematische Vorgehensweise in Gebieten, in denen sie keine Erfahrung hat, klare Ergebnisse zu erzielen."

Kandidat: „Aber ich wollte doch nichts Falsches sagen."

Personaler: „Wie bereits erwähnt, gehört die Anforderung auch in unbekannten Situationen eine kontrollierte Risikobereitschaft zu zeigen zu den Anforderungen an eine Führungskraft. Hier zeigt sich auch, dass Ihre sehr ausgeprägten Stärken als Fachexperte im Gegensatz zu den Stärken einer Führungskraft stehen."

Kandidat: „Aber mein Chef ist doch auch entscheidungsschwach."

Personaler: „Das zu beurteilen steht mir nicht zu. Wir hatten uns ja im Vorfeld auch über das Instrument Assessment-Center unterhalten und ich hatte Ihnen dargelegt, dass es dabei nicht um einen Vergleich zwischen Personen geht, sondern um die Bewertung einer Momentaufnahme. Kommen wir zur Übung „Konfliktgespräch". Wir haben als Anforderung im Bereich Leadership formuliert, dass die Führungskraft einerseits einem klaren Leistungsauftrag nachkommen muss, andererseits aber auch die Beziehungsebene zum Mitarbeiter berücksichtigen soll."

Dieser nicht erfundene Dialogauszug zeigt deutlich die Risiken eines solchen Feedbackgesprächs. Zum einen droht die Gefahr, dass man sich auf eine inhaltliche Diskussion mit dem Kandidaten einlässt, was nicht zielführend ist. Zum anderen besteht das Risiko, dass man sich auf Nebenkriegsschauplätze einlässt und den Dialog aus der Hand gibt. Daher muss ein solches Gespräch immer als ein kontrollierter Dialog gestaltet werden. Aktives Zuhören, also das Zusammenfassen des Gehörten und dessen Rückspiegelung an den Bewerber, kann hier ein sehr effektives Mittel sein. Im vorliegenden Fall war das Gespräch besonders schwierig, denn der Kandidat hatte eigentlich gar keine inhaltliche Motivation für die Übernahme der Führungsposition, sondern wollte dies aus Statusgründen. Daher hat er sich während des Gesprächs nicht auf einer inhaltlichen Ebene gestellt, sondern nur die Position verteidigt, dass er Führungskraft werden möchte. Ein solches inhaltsleeres Rangeln um Positionen kann man nur dann umgehen, wenn man tatsächlich die Ebene wechselt und aus dem Gespräch aussteigt und zurückmeldet, dass dies unproduktiv ist. Das konkrete Gespräch kann jedoch auch als Beispiel dafür dienen, wie man einen Test sinnvoll einbinden kann. Im Rahmen dieses Assessment-Centers wurde der BIP (Bochumer Inventar zur berufsbezogenen Persönlichkeit) Test durchgeführt. Nachdem dauernd Gegenargumente angeführt wurden, legte der Assessment-Center-Moderator dem Kandidaten die Testergebnisse vor. Es zeigt sich, dass das Selbstbild vollkommen mit dem Fremdbild übereinstimmte.

Sind mehrere Entscheidungsträger betroffen und ist der Entscheidungsprozess komplex, macht es Sinn, solche Feedbacks auch in Form schriftlicher Gutachten festzuhalten. Auch unter rechtlichen Aspekten kann man sich durch diese Form der Dokumentation gegen AGG Klagen absichern. Zum Zeitpunkt der Drucklegung des Buchs betrug die Klagefrist für AGG Klagen 2 Monate. So lange müssen diese Unterlagen also mindestens aufbewahrt werden. Handelt es sich um interne Kandidaten ist ggf. mit der Mitbestimmung (soweit vorhanden) zu klären, in welcher Form diese Dokumentationen aufbewahrt werden. Folgendes Beispiel zeigt wie die Zusammenfassung eines Interviews aussehen kann:

Beispiel

Herr Müller erschien mit 10 min Verspätung zum Gespräch und entschuldigte sich mit der Begründung, dass er zunächst im falschen Gebäude gewesen sei. Die Entschuldigung wirkte auf die Anwesenden glaubwürdig.

Er war korrekt mit einem dunkelblauen Anzug und einer gedeckten Krawatte gekleidet. Für die Firmenkultur einer IT Firma wirkte er damit deutlich overdressed. Auch wirkte er durchgängig während des Interviews sehr „steif" auf die Teilnehmer. Er lächelte sehr wenig bis gar nicht, hielt häufig keinen Blickkontakt und benutzte sehr viele Fremdwörter, auch wenn es nicht notwendig gewesen wäre. In seinen Fragen hob er sehr auf die materiellen Aspekte der Position ab, fragte jedoch kaum etwas zu den Inhalten und der recht komplexen Matrixstruktur.

Das biografische Interview verlief überzeugend. Grundsätzlich konnte er alle fachlichen Fragen fehlerfrei beantworten und auch die relevante Erfahrung als Projektleiter konnte er glaubhaft versichern. Allerdings hat er auch sehr deutlich gemacht, dass er aus seiner beruflichen Erfahrung heraus Matrixstrukturen, in der Linien- und Projektaufgaben sich überschneiden, sehr kritisch sieht. Er nannte hier die Firma XY als konkretes Beispiel, in der die Projektmitarbeiter durch diese Kombination so überlastet waren, dass Krankenstand und Fluktuation enorm angestiegen waren. Er betonte an dieser Stelle die Bedeutung klarer Ressourcenplanung und -allokation. Er konnte auch Beispiele aus dem Bereich Führung nennen, die klar zeigen, dass er Menschen erfolgreich entwickelt und motiviert hat, aber auch dass er seinem Leistungsauftrag gerecht wird. Er nannte hier das konkrete Beispiel eines Mitarbeiters, den er auf ein mögliches Alkoholproblem angesprochen hatte und der nach dem Entzug rückfällig wurde, sodass er ihm nach dem Scheitern der Wiedereingliederungsmaßnahme die Kündigung aussprechen musste. Die Schulungseinheit zum Thema „Software

Flexible Arbeitszeitplanung" hatte er vorbereitet, wobei sich jedoch auf den Folien zahlreiche Rechtschreibfehler befanden. Bei einer Vorbereitungszeit von 4 Wochen entspricht dies nicht dem erwarteten Standard. Auch inhaltlich konnte er nicht überzeugen. So legte er den Schwerpunkt auf die rein technischen Aspekte und ignorierte die Fragestellung der Einführung einer grundlegenden Veränderung im Planungsprozess und deren Begleitung. In der Summe wirkte er auf die Anwesenden sehr stark von seiner Historie in einer Linienabteilung in einem großen Konzern und von dessen Kultur geprägt. Daher ist seine Sichtweise auf IT-Themen für eine Beratungsfirma zu wenig ganzheitlich. Auch bestehen erhebliche Zweifel daran, ob er sich in der informellen Kultur eines Start-ups wohlfühlen wird. Wir empfehlen daher eine Absage.

Folgendes Beispiel zeigt ein schriftliches Feedback zu einer Bewerbung für eine Professur. Dies war mit einer Arbeitsprobe (Probevorlesung) verbunden. Adressaten waren in diesem Fall die Berufungskommission und das zuständige Ministerium. In diesem Fall lag die Problematik darin, dass die Arbeitsprobe deutlich von allem differierte, was man bisher von der Kandidatin wusste. Insofern ging es darum, nicht nur eine Entscheidung zu kommunizieren, sondern eindeutige Fragen zu definieren, die im Folgeprozess geklärt werden mussten.

Gutachten Yvonne Schwarzer

Fr. Schwarzer beginnt ihre Ausführungen zum Thema mit einer differenzierten Darstellung des Begriffs „Mittelstand". Auf Folie 8 charakterisiert sie den Mittelstand dann jedoch sehr plakativ und postuliert (im Gegensatz zu ihren vorangegangenen Ausführungen), dass der Mittelstand aus produzierendem Gewerbe mit einem niedrigen Reifegrad besteht. Ferner geht sie, ohne dies belegen zu können, davon aus, dass andere Unternehmenstypen im Bereich Führung professioneller seien als Mittelständler. Hierbei greift sie nicht auf ihre eigene Aussage zurück, dass es eben nicht nur den Handwerksbetrieb im Mittelstand gibt, sondern auch kleine Unternehmen, die im Technologiebereich tätig sind und eine sehr hohe Akademikerquote haben.

Sie arbeitet dann zwar spezielle Anforderungen an zeitgemäße Führung heraus, bleibt jedoch auf einer rein theoretischen Ebene und schafft es auch nicht, einen konkreten Bezug zum Mittelstand darzulegen. Einerseits ist sie in ihren Ausführungen zwar sehr theoretisch, belegt jedoch viele Aussagen, die sie in den Raum stellt, nicht mit Quellen. Dies zeigt sich noch einmal besonders in den Fragen der Zuhörer. Ein Student bezweifelte die zur Generation Y getroffenen Aussagen. Frau Schwarzer relativiert diese dann dadurch, dass sie klarstellt, dass es sich um Tendenzaussagen handelt, kann hierfür jedoch keine Quellen anführen. Sie bezieht sich dann, was aktuelle Herausforderungen angeht, auf eine KPMG Studie. Diese ist jedoch schon vier Jahre alt und auch nicht mittelstandsspezifisch.

Einige ihrer Aussagen sind auch inhaltlich schwer nachzuvollziehen: so stellt sie fest, dass Unternehmen „junge, frische" Mitarbeiter brauchen, gibt jedoch nicht den demografischen Wandel als Grund an, sondern sieht das Lebensalter an sich als

Erfolgsfaktor. Ferner behauptete sie, der Kunde sei nicht mehr König. Diese Aussage befremdet zunächst, denn der Geschäftszweck der meisten Unternehmen besteht ja in der Erwirtschaftung von Profiten durch den Verkauf von Waren und Dienstleistungen an Kunden. Diesen Widerspruch hätte sie nur auslösen können, wenn sie hier das Stakeholdermodell eingeführt hätte, das die Kooperationschancen mit relevanten Stakeholdern als Grundbedingung für dauerhaften wirtschaftlichen Erfolg am Markt definiert.

Dann führt sie den Begriff des „Führungsstilserfolgs" ein, ohne diesen näher zu erläutern. Die Begrifflichkeit ist falsch, denn nur Führungsverhalten kann zu Erfolg oder Misserfolg führen. Auch in den anschließenden Fragen geht sie nicht auf die Abhängigkeit des Führungserfolgs von Reifegrad des Unternehmens bzw. Mitarbeiters ein. Bei der Frage nach der richtigen Auswahlmethode von Führungskräften bleibt sie sehr allgemein und schlägt dann unter anderem psychometrische Testverfahren vor. Hierzu ist anzumerken, dass es kaum Testverfahren gibt, die überhaupt zur Auswahl geeignet sind und auch die Frage der Akzeptanz dieses Werkzeugs auf dieser Ebene nicht beantwortet wird. Ihre Antworten sind zwar alle auf die Fragen bezogen, lassen aber fachliche Tiefe vermissen.

In der Summe hat sie letztlich das gestellte Thema nicht bearbeitet. Sie kommt zu einigen allgemeinen Aussagen auf theoretischer Ebene, wie sich grundlegende Ansprüche an Führungsverhalten verändern, bleibt dabei aber sehr allgemein. Wirklich klare und konkrete Aussagen zur Themenstellung bleibt sie schuldig. Insofern konnte der Vortrag nicht den Eindruck vermitteln, für ein akademisches Publikum verfasst worden zu sein. Das Skript, das nur 8 Textseiten umfasst und sich auf die Inhalte der Folien beschränkt, hat zwar eine sehr umfangreiche Bibliografie, aber es ist nicht nachvollziehbar, welche der genannten Werke sie tatsächlich verwendet hat.

Fr. Schwarzer präsentiert sehr lebendig und nutzt den ganzen Raum für ihre Präsentation. Besonders positiv hervorzuheben ist, dass sie in stetiger Interaktion mit den Zuhörern steht und diese mit Fragen immer wieder einbindet. Dadurch gestaltet sie ihre Präsentation sehr lebendig. Allerdings wirkt ihr Vortragsstil über weite Strecken sehr theatralisch und der Zielgruppe nicht angemessen. Insbesondere das Stilmittel der Frage überstrapaziert sie und lässt diese zu häufig zu lange unbeantwortet im Raum stehen. Obschon sie gezielte Gestaltungsmittel einsetzt, um die Teilnehmer einzubinden, wirkt sie als Vortragende in der Veranstaltung sehr dominant.

In der Summe lässt sich festhalten, dass Fr. Schwarzer mit diesem konkreten Vortrag nicht überzeugen konnte. Diese Momentaufnahme steht jedoch im deutlichen Kontrast zur beruflichen Erfahrung von Fr. Schwarzer, ihrer Erfahrung an Hochschulen und dem Ruf, den sie in Wissenschaft und Lehre genießt. In Anbetracht der Tatsache, dass sie unmittelbar vor dem Probevortrag ihr Rigorosum abgelegt hat, ist denkbar, dass ihr die Vorbereitungszeit gefehlt hat. Insofern ist zu empfehlen, Fr. Schwarzer zu einem Folgetermin einzuladen, um diese Fragen zu klären.

Probezeit 8

> **Zusammenfassung**
> Ein Auswahlprozess ist in der Regel immer eine punktuelle Bewertung eines Bewerbers. Die Probezeit lässt es zu, diesen Prozess zu verlängern und mit mehr Kontinuität zu versehen. Die meisten Firmen nutzen diese Möglichkeit jedoch nicht effektiv. Um jedoch die Probezeit sinnvoll zur Evaluation zu nutzen, müssen einige Faktoren gegeben sein. Dazu gehören ein klar definierter Prozess der Probezeitbewertung, die entsprechenden Bewertungsinstrumente und eine Einarbeitung.

Die grundlegende Prämisse dieses Buchs besteht darin, dass die Wahrscheinlichkeit eine richtige Personalentscheidung zu treffen größer ist, wenn man geeignete Verfahren einsetzt und diese kompetent anwendet. Dennoch bleibt immer ein Restrisiko. Wenn eine Prognose zu 100 % eintrifft, ist dies ein Zufall. Eine gute Prognose kann sich nur möglichst gut an die Realität annähern. Dies erkennt auch der Gesetzgeber an, der ja im Arbeitsrecht ansonsten den Schutz des Arbeitnehmers verfolgt, in dem er das Instrument der Probezeit zulässt. Die Probezeit dient der grundsätzlichen Erprobung des Arbeitnehmers und ist gesetzlich nur für Auszubildende vorgeschrieben, da diese nach der Probezeit selbst auch rechtlich eingeschränkte Möglichkeiten zur Kündigung haben. Daher muss eine solche Probezeit ausdrücklich schriftlich vereinbart werden (Vgl. Schaub und Koch 2014, S. 524). Dabei gilt in Deutschland, dass die Probezeit für den Arbeitgeber wie für den Arbeitnehmer gleich lang sein muss. Zulässig ist eine Dauer von bis zu 6 Monaten. Formal kann die Probezeit auch in Form eines befristeten Arbeitsverhältnisses erfolgen, das dem regulären Arbeitsverhältnis vorgeschaltet ist (Vgl. Schaub und Koch 2014, S. 525). In diesem Fall endet das Arbeitsverhältnis, wenn es nicht ausdrücklich verlängert wird. Im anderen Fall geht das Probearbeitsverhältnis in ein unbefristetes Arbeitsverhältnis über, wenn der Vertrag nicht gekündigt wird. Während dieser Probezeit kann der Arbeitgeber dem Arbeitnehmer ohne Angabe von Gründen zu einer verkürzten

Kündigungsfrist kündigen. Zwar gelten gewisse Schutzrechte, z. B. für Schwangere, so gibt es jedoch zu keinem anderen Zeitpunkt die Möglichkeit, sich so relativ unproblematisch voneinander zu trennen.

Dennoch nutzen nur wenige Unternehmen das Instrument der Probezeit effektiv. Viele Personaler können von verkürzten Probezeiten berichten, die dann doch in einer Trennung endeten oder aber von späteren Kündigungen über die niemand überrascht ist. Das verursacht Kosten, aber auch Effizienzverluste. Vor allem wird es nach der Probezeit auch für beide Seiten schwierig, ohne Gesichtsverlust aus der Situation heraus zu kommen. Daher ist es eigentlich unverständlich, dass „skandalös wenig Führungskräfte (…) die Probezeit eines neuen Mitarbeiters verantwortungsvoll nutzen" (Sprenger und Arnold 2013, S. 840).

Einer der wesentlichen Gründe dafür liegt darin, dass in vielen Unternehmen weder Prozesse, noch Verantwortlichkeiten für die Überwachung der Probezeit definiert sind, obschon man über den längeren Prozess der Mitarbeit im Unternehmen sicher validere Aussagen gewinnen kann als aus einem punktuellen Auswahlverfahren. Dazu muss ein solches Assessment-on-the-Job jedoch geplant, durchgeführt und evaluiert werden. Grundbedingung ist jedoch, dass man im Vorfeld klar definiert, welche konkreten Ziele mit der Einarbeitungsphase verbunden sind und wie diese erreicht werden sollen. Hierzu sind Einarbeitungsprogramme sehr wichtig. Leider ist auch dies ein Thema, was von vielen Unternehmen vernachlässigt wird und sowohl bei Mitarbeitern wie beim Unternehmen zu Frustration führt, weil der Mitarbeiter nie seine volle Leistungsfähigkeit erreichen kann.

Zur Vorbereitung der Einarbeitung gehört, dass der Arbeitsplatz eingerichtet ist und alle notwendigen Arbeitsmittel zur Verfügung stehen. Das scheint eine Selbstverständlichkeit zu sein, doch der Gallup-Engagement-Index zeigt, dass das Nichtvorhandensein der Arbeitsmittel für eine nicht unbeträchtliche Zahl von Mitarbeitern sehr demotivierend wirkt (Vgl. Gallup 2015). Für viele ist es also die erlebte Realität, dass sie diese Arbeitsmittel nicht haben. Ebenso müssen die Organisation bzw. zumindest die notwendigen Schnittstellen über den neuen Mitarbeiter informiert sein und auch dessen Aufgaben und Kompetenzen kennen. Gerade an dieser Stelle muss sichergestellt werden, dass die Ansprechpartner auch die Zeit dafür eingeplant haben. Grundsätzlich empfiehlt es sich, jeden neuen Mitarbeiter von einem betriebsinternen Paten betreuen zu lassen, der formell wie informell die Einarbeitung betreut. Formelle Betreuung bedeutet, dass es tatsächlich auch einen konkreten Einarbeitungsplan geben sollte. Dies mag auf den ersten Blick vielleicht etwas bürokratisch wirken, jedoch werden informelle Pläne oft nicht eingehalten oder aber entsprechen nicht dem Bedarf. Von daher sollte man diesen Prozess formalisieren und bei der Planung auch alle Stakeholder mit einbeziehen. Hierbei sollten nicht nur die Inhalte definiert werden, sondern auch Lernziele, z. B. die Fähigkeit bestimmte Maschinen zu bedienen oder IT Systeme anwenden zu können. Bei der Erstellung solcher Checklisten kann man sich ungeachtet der Inhalte am Berichtsheft eines Auszubildenden orientieren. Hier sollte der Verantwortliche allerdings auch regelmäßig während Einarbeitungsphase kontrollieren, ob die Inhalte auch zum richtigen

Zeitpunkt abgearbeitet wurden, um zu verhindern, dass am Ende der Probezeit dann der Form halber Dinge abgezeichnet werden, die eben nicht vermittelt wurden. Ebenso müssen dem neuen Mitarbeiter alle relevanten Dokumente wie Vorschriften, Führungsleitlinien, Arbeitsordnung etc. ausgehändigt werden. Es gibt Organisationen, die bestimmte Inhalte (z. B. AGG oder Sicherheitsvorschriften) über einen Test, meist online, abprüfen. Der bestandene Test ist dann auch Grundvoraussetzung für die Fortsetzung des Arbeitsverhältnisses nach der Probezeit. Natürlich müssen auch Erwartungen und gegenseitige Ansprüche geklärt werden. Beide Parteien müssen sich darüber einig sein, wie sie zusammenarbeiten wollen. Somit wird klar, dass bei einer Probezeitbewertung nicht nur die „harten" Faktoren evaluiert werden, sondern auch die Verhaltensebene.

Folgende Aspekte sollten bei einer Probezeitbeurteilung Berücksichtigung finden:

- Fachwissen
- Branchenwissen
- Arbeitstempo
- Arbeitsgüte
- Arbeitsmenge
- Verhalten intern
- Verhalten extern
- Engagement
- Vereinbarte Fortbildungen/Prüfungen

Die Beendigung des Arbeitsverhältnisses nach der Probezeit sollte für keine Seite überraschend kommen. Daher darf die Evaluation nicht punktuell erfolgen, sondern muss als Prozess über die gesamte Probezeit hinweg gestaltet werden. Daher sollte es nicht eine „Generalabrechnung" geben, sondern vielmehr regelmäßige Rückmeldungen im Wochen- oder Zweiwochenrhythmus. Je nach Einbindung des Mitarbeiters in die Organisation kann es durchaus Sinn machen, mehrere Blickwinkel zu kombinieren. Wie bei der Auswahl ist auch hier zu berücksichtigen, dass eine Bewertung eventuell auch von den Eigeninteressen des Bewertenden geleitet sein kann. Diese Bewertungen sollten dann zentral bei einer Person zusammengeführt werden, die die Qualität der Bewertungen prüft und sicherstellt, dass diese so qualifiziert sind, dass man zu einem abgewogenen Urteil kommt. Ergibt sich im Lauf der Probezeit Handlungsbedarf, so ist dem Mitarbeiter zeitnah durch den Vorgesetzten Feedback zu geben. Grundsätzlich empfiehlt es sich für die Probezeitbewertungen die gleichen standardisierten Unterlagen zu nutzen wie im Auswahlprozess, da ja die gleichen Kriterien bewertet werden. Zusätzlich kann man mit Zielvereinbarungen oder -vorgaben arbeiten, die jedoch auch schriftlich festgehalten sein müssen und Messbarkeitskriterien enthalten. Wie bei einem reinen Auswahlverfahren ist auch hier ein eindeutiges Feedback wichtig, sowohl bei überstandener wie auch bei nicht überstandener Probezeit notwendig. Bei Mitarbeitern, die das Unternehmen verlassen müssen, dient dies einer möglichst wenig emotionalen und damit geräuschlosen Abwicklung der Trennung. Für geeignete Mitarbeiter ist das strukturierte Feedback nach Ende der Probezeit der Einstieg in eine kontinuierliche Personalentwicklung.

8.1 Schlussbetrachtung

Personalentscheidungen sind wichtige Investitionsentscheidungen für jedes Unternehmen. Personalentscheidungen sind vor allem auch Führungsentscheidungen. Daher muss die Fähigkeit, ein effektives Auswahlverfahren durchzuführen, zum Werkzeugkasten einer jeden Führungskraft gehören.

Die Aussage, dass Mitarbeiter der entscheidende Wettbewerbsvorteil sind, ist heute wahrer denn je. Deshalb ist es erfolgskritisch diese Entscheidungen genauso überlegt und rational zu treffen wie jede andere, die für das Unternehmen wichtig ist. Dieses Buch hat gezeigt, dass ein klarer Planungsprozess mit eindeutig formulierten Anforderungen der wahrscheinlich entscheidende Erfolgsfaktor für einen effektiven Auswahlprozess ist. Grundsätzlich kann ein Auswahlverfahren nur dann Erfolg haben, wenn es planerisch vorbereitet, professionell durchgeführt, evaluiert und nachbereitet wird. Dabei ist es gar nicht so entscheidend, welche Methode der Auswahl man anwendet, sondern vielmehr, dass man sie konsequent anwendet. Das bedeutet vor allem bei komplexen Verfahren wie Tests oder Assessment-Center, dass man sie entweder mit hohem Aufwand durchführt oder aber besser gar nicht. Ein einfacheres Verfahren, das kompetent durchgeführt wird, hat oft mehr Aussagekraft als ein schlecht durchgeführtes mehrstufiges oder multimodales Verfahren. Weniger kann mehr sein. Dies gilt auch unbedingt bei der Auswahl von externen Dienstleistern. Leider ist die Personalauswahl eine Branche, in der sich viele Scharlatane tummeln, deren Instrumente nicht seriös sind, auch wenn sie scheinbar wissenschaftlich sind. Hier ist große Sorgfalt geboten, denn es geht um Entscheidungen, die sowohl für das Unternehmen als auch für den Bewerber einschneidend sind. Letztlich muss man sich auch darüber im Klaren sein, dass der professionelle Bewerbungsprozess auch eine starke Außenwirkung hat und jede Form des Personalmarketings auch eine Form des allgemeinen Marketings ist.

Der demografische Wandel und weitere einschneidende Veränderungen werden es für viele Unternehmen zunehmend schwieriger gestalten, Mitarbeiter zu finden und zu halten. Die Loyalität zum Arbeitgeber wird in Zukunft kein Selbstzweck mehr sein. Umso wichtiger ist es passgenau auszuwählen, aber auch realistisch abzuwägen, ob oder wie lange man dem Mitarbeiter das bieten kann, was er braucht, um engagiert zu bleiben. Insofern wäre es auch unrealistisch, davon auszugehen, dass man einen Mitarbeiter für das Leben einstellt. Man sollte sich klar sein, dass es eben häufig nur eine Passung zu bestimmten Lebensphasen gibt. Kein operatives Personalmarketing wird erfolgreich sein, wenn die Angebote nicht den Bedürfnissen und Wünschen der Zielgruppe entsprechen.

Aber man muss sich auch fragen, wo man Mitarbeiter finden kann. Viele Unternehmen fahren konsequent eine Strategie der Risikominimierung oder stellen unbewusst

Bewerber ein, die ihnen selbst möglichst ähnlich sind. Doch zynisch betrachtet muss man feststellen, dass die Zahl dieser Kandidaten immer geringer wird. Unternehmen werden im oft beschworenen War for Talents nur dann Erfolg haben, wenn sie es schaffen, Zielgruppen anzusprechen, die heute im Arbeitsmarkt weniger nachgefragt sind, aber dennoch leistungsfähig sind. Je weiter man sich jedoch davon entfernt, dass jemand etwas schon 5 oder 10 Jahre gemacht haben muss, um als Kandidat infrage zu kommen, desto wichtiger werden professionelle Auswahlverfahren, in denen kompetenzbasiert gearbeitet wird.

Literatur

o. V. "Gallup Engagement Index" (2015). http://www.gallup.de/183104/engagement-index-deutschland.aspx. Zugegriffen: 10. Aug. 2016, (11:30).

Schaub, G., & Koch, U. (2014). *Arbeitsrecht von A–Z*. München: dtv.

Sprenger, R., & Arnold, C. (2013). Probezeit. In Sarges, W. (Hrsg.), *Management-Diagnostik* (S. 839 ff.). Göttingen: Hogrefe.